自然乾燥の無《む》垢《く》の木と漆《しっ》喰《くい》で家をつくる

家を選ぶことは人生を選ぶこと

神﨑隆洋
Kanzaki Takahiro
一級建築士

神﨑隆馬
Kanzaki Ryuma
一級建築士

さくら舎

[SIC]
シューズインクローゼット

玄関がきれいに保たれるだけでなく、さまざまな物を置けて実用的。狭くてもつくってよかったと言われることが多いスペース。

[玄関]

玄関は人を迎え入れるところであり、その家の個性も住む人の個性も表れてくる場所。床のタイルでアクセントをつける、間接照明で演出するなど、コンパクトな玄関でも、大きい玄関でも、それぞれのよさを引き出す工夫を。

[リビング]

リビングはソファとテレビの位置設定をしてから設計する。人が集まり寛ぐ場所であるため、住む人に合わせて、何かアクセントを用いて好きな空間にしたい。たとえば出窓をベンチ代わりにつくると、リビングそのもののアクセントになるだけでなく、日常的にも重宝する。上部に間接照明を用いると美しい空間になる。

［ダイニング］

ダイニングテーブルに座っている時間は多く、家族が集う重要な場所。ダイニングではテーブルの位置をしっかりと決めて計画すると、テーブルの上の照明器具であるペンダントライトの位置が定まる。天井などに設置される機能照明が多い中、デザイン性のあるペンダントライトがその空間に美しく際立つ。

青森ひば無垢オーダーキッチン　タモ無垢オーダーキッチン→

[キッチン]

いかに機能性のいいスペースにするか、それには使う人の体形に合わせ、料理などをするスペースと食器棚との距離をどれくらいとるか、冷蔵庫・電子レンジ・炊飯器の位置を把握し、配置することも大切。対面式やＩ型、Ｌ型、アイランドなどの形状があり、動線の好みや生活スタイルなどを前提に、使い勝手を考えると、奥深いスペース。

［トイレ・洗面室］

漆喰には調湿だけではなく消臭効果もあり、トイレの壁にも最適。トイレと洗面台を一緒にするとスペースも広くなり使いやすく、タイルとの組み合わせや造作カウンター収納などでホテルライクな空間にもなり、こだわりの寛げる一室となる。

[子ども部屋]

自然の採光と通風を感じられる配置が望まれる。窓は朝日が昇る東に配置することが理想。学習机や収納も無垢材、本物の木を選ぶことで経年変化を楽しむ感性が育まれる。

[浴室]

ユニットバスも進化しているが、調湿する素材を選定できる在来浴室は一日の疲れを癒せる空間。湿気に強い青森ひばの天井は換気をよくすることで10年経過してもメンテナンスが少なく、香りには精神を安らげる効果がある。通常タイルを使用するが、天然石こそ理にかなった素材。秋田県でしか採掘できない十和田石は多孔質なので、マイナスイオン放出効果・保温効果・防カビ効果もあり、床と壁に最適。滑りにくく冷たさも和らげてくれる。

［寝室］

快適な眠りには環境により窓の大きさ、配置、種類、風の流れ、光の入り方などを考えることが大切。窓をどのように捉えているかで設計者の力量がわかると感じます。断熱性と調湿性は障子が適しており、遮光性はシェードが優れている。

[窓]

市街地で火災被害を広げないための制限がある防火地域等では、大きな窓のバリエーションが少ない。こちらはそのような制限下、サッシを組み合わせて大きく開口した一例。

[物干しスペース]

新築は物干しスペースをよりよく配置する絶好のチャンス。室内で洗濯物をどこに干したらいいか困っている方が本当に多い。洗面台から洗濯機と室内物干しスペース、さらにそのままバルコニーへとつながる設計なら、２畳あれば充実して干せる。

はじめに――「自然乾燥材」の奇跡

衝撃を受けました。これは、日本の住まいの建築を変えることになるぞ！

私が手にしていたのは、「アレルギーと住宅を考える会」の資料でした。とても簡単な装置の、カビの発生実験の報告です。

私はさっそく自分でそれを確かめにかかりました。ビンの中に、石油建材のひとつであるベニヤ合板と食パンを入れます。もう一方のビンにはヒノキと食パンを入れ、ともに密封します。10日後、30日後と観察すると……。すごいぞ、これは。21世紀の大発見と言えるものだ！

一方のパンは、びっしりとカビに覆《おお》われている。もう一方は、まったくカビていない。それこそ、入れた日のパンのまま。私はビンから目を離せませんでした。家をつくるなら本物でなければならない。そう思い、無垢《むく》の木と漆喰《しっくい》の家をつくりつづけてきた意味が、私の考えていた以上の深い、広大なものとして眼前に現れてきました。

ヒノキは日本の国土に育つ針葉樹で、どなたでもご存じでしょう。古来「神木《しんぼく》」といわれ、法隆寺《ほうりゅうじ》も伊勢神宮《いせじんぐう》もヒノキが使われています。庶民も「総ヒノキ造りの家に住みたい」などと冗談を言い合い、憧《あこが》れの建築の代表として語られてもきました。

私のつくる家もヒノキを使います。青森ひばも使うし、杉も桜も松も使っています。ここがとても重要なところなのですが、構造材は、無垢で自然乾燥の材木を使用するようにつとめています。ところが、街の材木屋にあるものは高熱による人工乾燥の材木ばかり。自然乾燥の材木はありません。

そのため、私は付き合いのある材木屋に、自然乾燥の意義を説明し、この建築哲学に賛同を得て、倉庫の一部にカンザキ建設専用の「自然乾燥材」をつくるためのスペースを確保してもらえることになりました。そこで数ヵ月間保管し、自然に乾燥させています。

「自然乾燥のヒノキ」と「高熱による人工乾燥のヒノキ」は、別物なのです。私は、さらにその両者のカビの発生実験をしてみました。予想はしていたものの、あまりの歴然たる結果に驚愕《きょうがく》を禁じ得ませんでした。

私はさまざまな建材で、カビ発生の実験を続けました。そして思いました。この実験結果を知ったら、住宅メーカーも、その顧客も、行政も、これから家をもちたいと計画している家族たちも、考え直さざるを得ないでしょう。

住宅メーカーの使う建材には、自然乾燥の無垢の木がありません。室内の建材を見ると、柱は集成材《しゅうせいざい》、壁下地はベニヤ、ドア枠や窓枠はＯＳＢ（配向性ストランドボード）やパーティクルボード、幅木《はばき》（壁と床の境目に取りつける部材）の中身はボール紙です。

いずれも石油化学の生み出した接着剤が多用された「接着建材」です。木くず、紙くず、ゴミ廃材を接着剤で固めて、その上に木目模様のプラスチックシートを張ったりする。これが年間売上１兆円から３兆円の超有名住宅メーカーの使っている建材です。

産業を主導するものとして石油が登場し、石油化学の技術開発に優秀なエリートが投入されての新事態です。どう考えても、この人たちのやっていることは王道ではない。どんなに優秀か知らないが、本物ではない。きわめて簡単なカビ発生実験が、そう物語っています。

この本は、「本物の住まいとは何か」を解き明かしたものです。本物の健康な家とは何か。本物の家の耐久性とは何か。本物の家の機能性とは何か。

私は、自分が本物だとは思いませんが、思えば、本物に憧れつづけ、追いつづけ、わずかではありますが、それを自分の手でつかんだ人生だったな、と感じています。

家づくりというものは不思議なもので、金ではないのです。情熱とか知性はもとより、縁とか気品といった人間存在の曰《いわ》く言い難い部分が、見えないところで決め手となってきます。

そうして導かれた本物は、単純明快。素晴らしい日本の樹木、ヒノキ、青森ひば、杉。そして素晴らしい壁材である、神業《かみわざ》で生まれたような漆喰。これらの自然素材と縁を結び、健康な暮らしが日本の家々に満ちること。これに尽きます。

神崎隆洋《かんざきたかひろ》

◎目次

第2章　耐久力のある家
——つぶれない、壊れない、腐らない

第3章　機能がすぐれた家
――燃えない、冷えない、汚れない

第4章　桜匠館《おうしょうかん》——1000年住宅がここにある

自然乾燥の無垢《むく》の木と
漆喰《しっくい》で家をつくる

――家を選ぶことは人生を選ぶこと

２０２１年９月、神崎隆洋は逝去し、そのパソコン内には、『いい家は無垢の木と漆喰でつくる』（正・続）につづいて出版する意図の、書きためた膨大な原稿が入っていました。本書はそれを神崎隆馬が中心となり、残された精鋭たちが監修・編集し仕上げたものです。

プロローグ
ヒノキと漆喰が私の成熟を待っていてくれた

始まりはピアノだった

私が早稲田大学の建築科を出ていたら、無垢《むく》の木と漆喰《しっくい》の家ばかり1000棟近くを建てつづけていることを、東大建築科を代表する丹下《たんげ》健三《けんぞう》氏ら「官」の向こうを張った、いかにも「野」の反骨的なあり方として、納得する方もいるかもしれません。

私が出たのは早稲田大学の商学部です。私の中には、野党的なものも反骨精神もとんとありません。遊びが大好きで、熱中するものはつねにあり、そうしてさえいればご機嫌な人間です。

カンザキ建設の家は、無垢と漆喰を標準仕様に、軸組《じくぐみ》在来工法でつくります。コンピューターを駆使した工場生産の建材をパタパタ組み上げるだけの、外来の工法には見向きもしない。その一方では、私の人生を決定づけた「日本伝統構法への恩返し」

というプロジェクトを実施中です。

宮大工《みやだいく》に連なる、組み手を多用する伝統技術を大工さんの腕が失われないように、「桜匠館《おうしょうかん》」と名付けた、１０００年住宅となる木造の大きな家を、東京・井ノ頭《いのかしら》通りに面した浜田山《はまだやま》の地でこつこつとつくっている。手の空いた棟梁《とうりょう》とその後継ぎたちがやってきて、完成の期限もなく、断続的にゆっくりと仕事を進めていて、誰でも見学ができます。

では、私の家は代々続く大工の家系なのかといえば、それも違う。私の父は白衣を着ていた化学系の研究者で、事業家としても成功した人でした。家には、当時としては贅沢《ぜいたく》といえる豪華なピアノがありました。

幼いころからずっと、私の最高の遊び友だちは、このピアノでした。無垢と漆喰の「本物の住まい」をつくるという、私の生涯の仕事は、このピアノから始まり、長い遠回りをして見出したものです。

「建築」が人生に入ってきたとき

高校時代は勉強そっちのけで、夢中でベートーベンのピアノソナタ三部作を練習していました。「月光」「悲愴《ひそう》」そして「情熱」です。「情熱」だけは、長くて、どうしても暗譜で弾ききれなかった。ピアノを弾いていないときは、親友と飽きることなく将棋を指す。

受験を間近にしても、こういうあり方が変わることはありません。自分でも大変な集中力だと思いますが、ズレている。この、ズレた高校生に衝撃的なことが起こります。今世紀最大のパイプオルガン奏者、ヘルムート・ヴァルヒャの演奏をテレビが放送したのです。

そのダイナミックさに心底震えるような感動を覚えて、私は決めました。将来、自分の家にパイプオルガンを入れて、演奏するのだ！

これは夢なんてものではなく、生きる目的そのものです。いつでもこの決心は胸に燃えていて、ことあるごとに噴出する。大学を卒業するとき、親友の荒井と内山と、大隈重信《おおくましげのぶ》の銅像を見下ろす早大の21号館の屋上にあがり、ふたりに別れと門出《かどで》の宣言をしました。

「ぼくは、パイプオルガンが入るような家を建てて、そこでバッハのトッカータとフーガを演奏するよ」

私の人生に「建築」が入ってきたのはこんな形でした。「カンザキ建設」はまだ影も形もない。卒業した私は、サラリーマンとして岩井産業に入社し、コンピューター部門に配属されました。

人生の山と谷、死に直面する危機と復活。そういったことは、今は触れません。建築を仕事とすることになったきっかけも、ここではまだ述べません。思えば何もかもが、ズレた人間にふさわしい不思議な経緯があったのです。

漆喰の家第一号

カンザキ建設でお客さまと出会えば、パイプオルガンのある家の夢を語る。そしてお客さまのために、私の考える「本物の家」を建てる。ヒノキ中心の無垢の木の家の一棟一棟は、私にとって商品ではなかったのです。妥協のできない私の作品です。その作品の、一方の柱となる漆喰壁との出合いも不思議なものでした。

イギリスから戻られた方がいて、土地を買って、家を建てようとしている。そういう話を聞き、会いに行きました。ピアノを弾くものの憧《あこが》れであるスタインウェイがありました。私は思わず、弾かせてもらえないかお願いしていました。

ショパンの「革命」を弾きました。かつて、ＮＨＫでホロヴィッツの演奏を観て感銘を受けたとき、スコアを手に入れ一週間猛練習し、暗譜で演奏できるようになっていました。

一打目の音は、空手の正拳突き《せいけんつ》のような強烈な音です。鞭《むち》をしならせる如く打ちつけてこの音を出せるのは、ホロヴィッツしかいない。私はそう信じています。およばずながら空手もやっていた私は、思いを込めて第一打を叩きました。

私が弾き終わると、ピアノの持ち主は、「音大の新入生くらいの腕がある」と評してくれました。そして、近々自分の演奏会があるからと、チケットをくれました。私は恥じ入りました。音大なんてとんでもないし、なんという名人の前でピアノを弾いてしまったのか。

このピアノが縁となったのでしょうか、新築のお仕事をいただきます。そして、この家こそが、私が漆喰を使って仕上げた第一号の家なのです。「この家は漆喰だ」と直感で確信し、職人に相談もせず、見積もりも取らずに仕事を始めたので、あとで苦労しました。

「いい家」への情熱だけですすめるものですから、当然のようにさまざまな失敗を繰り返します。自分で納得できないものを見つけると、建築途中でも取り壊し、基礎からやり直します。もちろん費用は自分が出しますが、手を抜いたり、材料をケチったりするのが心底嫌いなのです。

こうして建てていくと、家はどんどんよいものになっていきます。それが続けられたのは、お客さまの深い理解あってのことで、感謝のしようもありません。妻にも大変な苦労をかけたと思っています。

パイプオルガンがやって来た

自らの理想とする建築を追い求める日々が続く中、高校以来の「パイプオルガンがある自分の家」という夢は、知らず知らずのうちに、なにやら実現の匂いを感じさせるものになっていました。どこにも見えないけれども、近づいてくる予感だけはリアルになる。人生には、そういうことがあります。

最初のよい知らせは、妻の友人がもたらしてくれます。近所にある教会に、パイプオルガンを建造する予定がある。わくわくする話です。これはぜひ見学したい。知人は仲立ちをしてくれました。

私は、ドイツのパイプオルガンを導入するつもりでいました。すると、妻がテレビで見た岐阜にいる日本人のオルガンビルダーに会いに行こうと言い出しました。なんでも、その人は海外の歴史的なパイプオルガンの修復事業にも参加している世界的なオルガンビルダーではありませんか。

それが辻宏《つじひろし》氏でした。辻氏は寡黙《かもく》な方でした。次にお話しすることは、だいたいが辻氏の奥様にうかがったものです。うかがうほどに、私たちは感嘆しました。まさにこの方は、不屈のオルガンビルダーで、美の探求者です。

辻氏には、大きな夢がありました。今では世界遺産に登録されている、スペインのサラマンカ大聖堂にあるパイプオルガンを修復することです。一部の生きていたパイプを残して、ほかはほぼ死んでおります。その生き残ったパイプの、あまりに素晴らしく迫力のある音色に感動して、そのパイプオルガンの修復を志したのでした。

許可を得るために、何度も何度もスペインに足を運びます。そうしながら、イタリアの歴史的パイプオルガンの修復を手掛けて実績を積みました。10年におよぶ努力のかいがあって、ようやく修復の許可を得ます。

ついに、サラマンカ大聖堂のパイプオルガンの完全修復が実現する日が来ます。スペインがもっとも栄えていた時代の、天にそびえたつような大聖堂のパイプオルガンが、再び息を吹き返し、荘厳な音楽を奏でたのです。

私たちは深い感銘を受けました。こうしてできた辻氏との縁。あとは時を待つだけです。時熟して、私は自宅を建てることにします。辻氏にパイプオルガンの建造をお願いします。私の人生の夢。高校生が抱いたとんでもない夢。大学の親友に、それを成し遂げると宣言した夢。発注してから6年後に、辻オルガン工房で製作が始まりました（ドイツ製のパイプオルガンは突板《つきいた》でしたが、辻オルガン製は無垢でした。辻オルガンのこだわりとカンザキのこだわりが共鳴したのです）。

6ヵ月後には家の上棟《じょうとう》と同じように、骨組みから組んでいきます。そのあとにパイプを仕込む。5、6人のお弟子さんがいっしょに組み上げて、完成まで3ヵ月かかりました。感無量という言葉では言い尽くせないものがありました。私たちは、いつしか辻氏を先生と呼ぶようになっていました。

家を建ててください

私がなんとか生きてこられたのは、さまざまな人から受けた恩があってこそ。親兄弟は言うまでもなく、大学で学んだ友、注文をくれたお客さまに至るまですべてが恩人。みんな、その瞬間瞬間にお世話になっている。そんな当たり前なことが、素直に受け入れられるようになっていたかもしれません。

私は、建築が生涯の仕事になるとはつゆ知らず、来る日も来る日もいただいた仕事に向かってがむしゃらに取り組みました。するとこんなことが起きたのです。

長男の隆馬をかわいがってくださっている山田さんという方が、ご近所にいました。息子と同じ年頃の娘さんがいて、ふたりはよくいっしょに遊んでいたのでしょう。山田さんが息子に「お父さんはなにしているの」とお聞きになったとき、息子は「建築のお仕事」と答えたそうです。

山田さんはやってきて、「建築の仕事をしているのならちょうどよい。家を建てたいからお願いする」とおっしゃいました。私がやっていたことは、飛びこみ営業で内装工事や改装工事をひきうけ、友人といっしょに現場であれこれと動き回っていただけなのです。

私は建築士の免許ももっていませんでしたが、現場の空気を吸いながら「いつか新築の家を建ててみたい」と心ひそかに願うようになっていました。私は、山田さんに素直に申し出ました。「まだ新築の家を建てたことがないので、1週間時間をください」設計関係の書籍を読み漁《あさ》ります。乾いた大地が水を吸収するがごとく、建築設計の知識が私の中に入ってきました。私は「できる」と確信を得て、大学の仲間から経験豊富な建築士や大工、材料屋を紹介してもらい陣容を整えました。

建てたその家は、その後10年一切のアフターケアを必要としない堅牢《けんろう》なつくりとなり、山田さんからお褒《ほ》めの言葉をいただきました。

建築には縁のなかった私が、あれよあれよという間に一軒の家を建ててしまった。そうこうするうちに実務経験期間が考慮されて二級建築士になり、独学で一級建築士の国家資格を得て、「無垢の木と漆喰の家」のカンザキ建設は誕生しました。

商学部を出ていながら経理というものがさっぱりで、お客さまから「この見積もりでは安すぎる」とそれを超える報酬をいただいて恐縮したり、建てた家が素晴らしいので「モデルハウスにしましょう」という提案を受けたり、まあいろいろと恥ずかしいこと、嬉しいことがありました。

家をつくろうとするならば、それも、**いい家をつくろうとするならば、自分の人生と、その夢をほがらかに吐露《とろ》すること**です。それゆえ、お客さまの考える「本物の家」

が実現するように、はじめに私ごとを記しました。

家の出来がどうなるかは、依頼するお客さまと建築する私どもとの共感、あるいは反感がどこまで深まるかにかかっています。反感は大事です。磨《みが》いてみる価値のある原石です。共感も反感もないというのがいちばんだめ。やめたほうがいい。

現在の日本の住宅建築に関する商圏では、私のやっていることは少数派です。知らない人のほうが多い。圧倒的に多い。でもそれはたいしたことではない。私は奇跡的な出会いに恵まれ、ここまでやってこられました。

そのことに感動しているのですが、これは辿《たど》っていけば、妻のひとことによって導かれたことがほとんどでした。妻の存在なくしては、今のカンザキ建設はあり得ません。

第1章

健康力のある家

——さわやか、いい香り、いい気分

1センチ角のヒノキの木片に神秘的な力を発見

小さな巨人

「健康住宅」を考えるとき、「素材」から考える道筋と、「空調」から考える道筋があります。私は、次の実験の報告から始めたいと思います。

４５０ccのビンの中に１センチ角のヒノキの木片（カンザキ建設が実際の現場で使用しているもの）を入れます。いっしょにパン（防腐剤不使用）を入れ、密封して経過を調べます。10日後、30日後の状態はどうか。パンはまったくカビていない。

この実験は、「素材」つまり「家を建てるときの建材がどうあるべき」か、と同時に「空調」つまり「部屋の中の空気がきれいで住み心地がよいかどうか」を、関連づけて解決してしまう素晴らしいものです。

いきなり先走ったことを述べたので、わかりにくかったかもしれません。これからゆっくりご説明していきます。

原寸大

サイコロヒノキ

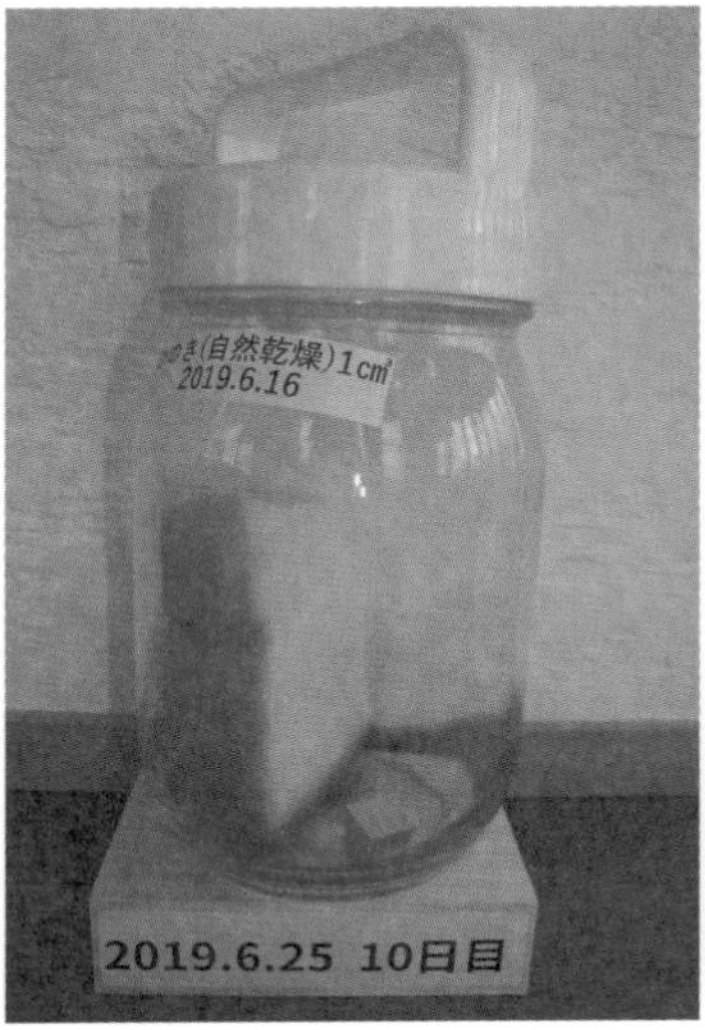

10日後

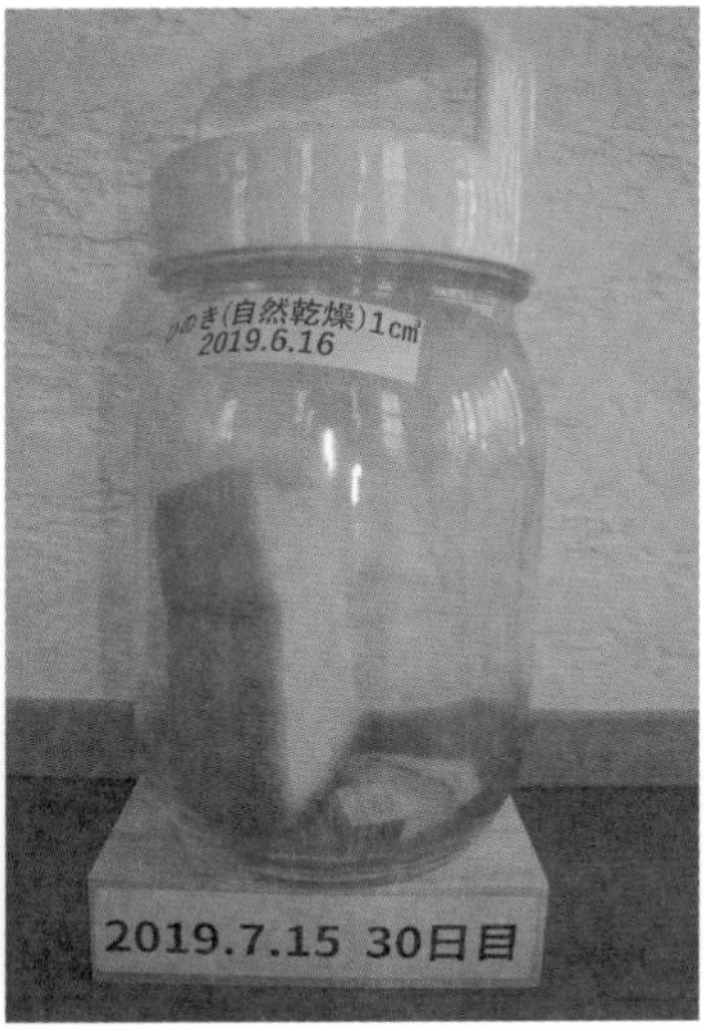

30日後

この実験の、**ヒノキの木片は呼吸しています。**「呼吸」はその字のごとく、あるものから出たり入ったりすること。人は、空気を吸いこむときに酸素を取りこみ、吐き出すときには炭酸ガスを体外に出している。ヒノキの木片は部屋の空気を取りこみ、ヒノキの成分を含んだ空気を出します。木の香りはそれです。

ヒノキはよい香りがする。アロマと呼ぶ「揮発性芳香物質」のはたらきは知られていて、東京大学の研究室でも国の研究機関でも、その効果を調べて発表しています。**ヒノキのこの香りが人の心を安らかにし、免疫力を高める**のです。

ビンの中の1センチ角のヒノキにはそういう力がある。でもこの実験はそれ以上のことを示唆しています。ヒノキの小片は、呼吸をしながら、もっと物凄《ものすご》いことをしている。そんなことは、誰も知らないことでした。

この実験をするには、いきさつがありました。

2000年生きつづけるヒノキ

40年以上、ヒノキと漆喰をすぐれた建材として家づくりに使ってきたので、ヒノキと漆喰のことなら知り尽くしているつもりでした。ところが、あるとき見せられた実験の写真が、私に衝撃を与えます。それこそが、私が探し悩んでいた、まさにそのものだったのです。

新しく家を建てられた方からは、必ず「空気が違う。すがすがしく、住み心地がよい」と感謝の言葉をいただきます。「それは無垢の木も漆喰も呼吸しているからです」と漫然と答えてきましたが、私は、自分のこの言葉が不満でした。

もっと科学的に解明して、具体的にお客さまに伝えることが、お客さまへのお礼であり、自分の使命ではないか。もっと簡単に、胸を打つように伝えられるものはないか。探しつづけてきたときに、出合ったのです。私は、「これだ！」と感動しました。

ビンごとに、パンの小片といっしょに建材が入れてありました。建材によってパンがどんな影響を受けるか。それを時間の経過ごとに写真におさめます。ヒノキが入ったビンの中のパンは、何カ月たってもカビが生えていない。しかし、今の日本でメジャーとなった、いわゆる新建材の入ったパンは、どれもこれも目を背《そむ》けんばかり。カビだらけなのです。

「この実験を考えた人はすごい！」

それと同時に思いました。ああ、これは、私がとっくに実験していなければならないものだったのに。この記録を見せてくれた人は、川田季彦《かわだとしひこ》氏が会長を務める「アレルギーと住宅を考える会」の方で、実験グループの内田泰代《うちだやすよ》氏が中心になって実験されたものでした。

はやる気持ちを抑えられず、私はすぐに確かめました。ヒノキの入ったビンの中のパンは、10日、30日経過してもカビの発生が見られません。ベニヤが入ったビンの中のパンは、10日ですっかりカビ菌に侵されています。30日後には、パンは青から黒に変色して見るからに汚らしくなり、ベニヤにまでカビが生えています。

それらを見つめながら、私は考えていました。ヒノキはきれいなピンク色をして、何もいいません。静かです。40年以上、ヒノキは素晴らしいと讃《たた》えてきた私に、何を教えようとしているのか。「あなたはまだ、ヒノキのことをよく知らない。しっかり真実を見なさい」と、叱咤《しった》激励《げきれい》しているのか。

私は毎日、ビンの中のヒノキを眺めて考えました。わかりました。**ヒノキは、カビ菌を殺しているのだ**。毎日毎日、カビ菌を殺している。なんと、ヒノキは生きていることを教えているのです。**材木となったヒノキは、命をもっているのです。**

生きている。

ヒノキ（自然乾燥）　合板（ベニヤ）木片

SET　SET

10日後　10日後

30日後　30日後

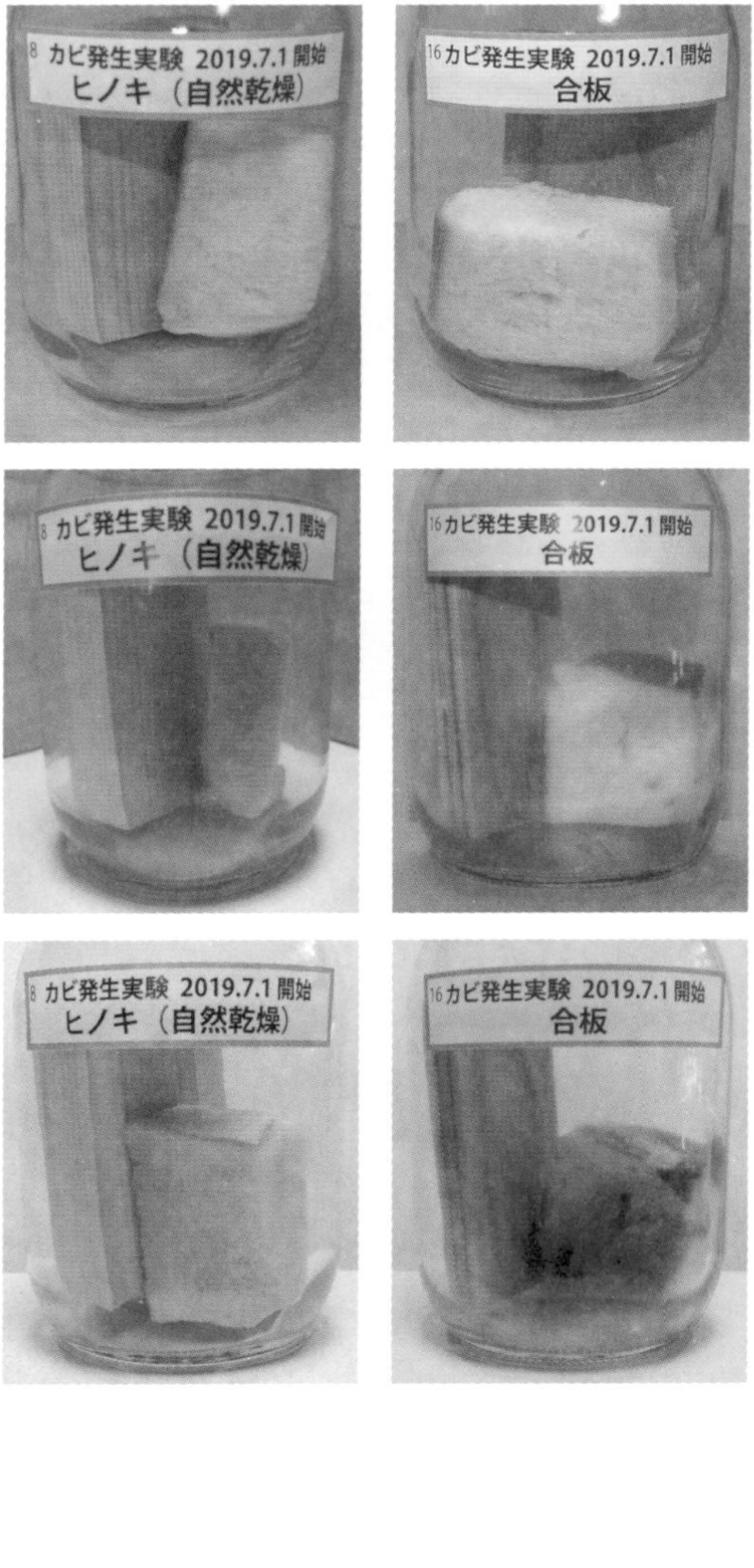

これはすごい発見です。

生き物には死があります。山で伐り倒されたとき、このヒノキは死んだのではなかったのか。ヒノキは、1000年たっても死なない。総ヒノキ造りの法隆寺は、1300年以上建ちつづけています。

その法隆寺のヒノキにノコやノミを入れると、ヒノキの香りがする。修理に携《たずさ》わった宮大工《みやだいく》の西岡常一《にしおかつねかず》棟梁《とうりょう》は、そう言っています。2000年以上は建ちつづけるであろう。そうも言っています。

ではヒノキはいつ死ぬのか。ヒノキは簡単に死ぬのです。

ヒノキを殺す人たち

2種類のヒノキをビンに入れ、いっしょに入れたパンのカビ発生を観察します。片方のビンのパンはカビが発生しないできれいなまま。もう一方はカビが発生しています。両方とも同じ樹木であるヒノキの小片。なぜか。

片方はカンザキ建設が産地から仕入れ、倉庫で自然乾燥させたヒノキです。もう一方は国がJAS認定で信頼のマークを付けているヒノキです。カビはこのJAS認定

人工乾燥ヒノキ板　　自然乾燥ヒノキ板

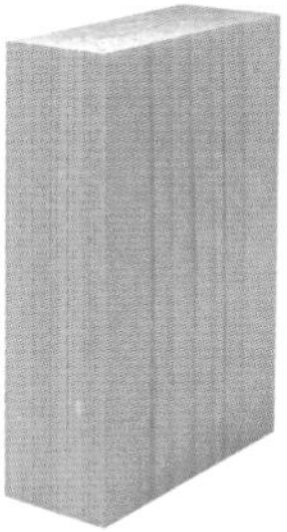

自然乾燥か人工乾燥かは見た目の色艶でわかる

1ヵ月後

1ヵ月後

10ヵ月後
パンだったことがまったくわからない。それほどカビ菌はパンが大好物

7ヵ月後

のヒノキのビンの中に発生したのです。

じつはＪＡＳ認定のヒノキはＫＤ材なのです。Ｋはkiln（窯）、Ｄはdried（乾燥）で、高温で人工乾燥させた材木です。これが街中でよく見かける、ふつうに手に入る材木です。工務店や建築会社が独自に入手して自然乾燥させる以外、使用されるのはすべてこの材。99パーセントの家はこのＫＤ材で建てられています。

これは死んだヒノキなのです。いや、殺されたヒノキなのです。**殺されたヒノキには、カビ菌を殺す力がない**。この材で建てた家のヒノキは、カビ発生源になり、人の健康に害を与えることになります。そのことをこの実験は教えてくれているのです。

それなら、すべての家からＫＤ材を排除すべきではないか。これがいちばん素直な論理でしょう。でも現実はそうなりません。なぜそんなことが起こるのか。

自然の樹木は、建材として強靭《きょうじん》ですぐれたものです。ただ乾いてくる過程で狂いが生じる。生木《なまき》は、水分をいっぱい含んで成長しつづけているわけですから、そのままでは使えないのです。水分が抜けてくるに従って縮み、歪《ゆが》み、暴れる。

家が歪んだり、隙間が生じたり、板が跳ね上がったりするとその家は住みにくくなり、欠陥住宅と呼ばれてしまいます。そのために十分に乾燥させたものを使って家を建てる。木場で水に漬けられている材木も、乾燥過程にあるものです。水の中でも乾燥するのです。伊勢神宮や神社仏閣のヒノキは、泥水に漬け、時間をかけて乾燥させたものです。

自然に乾燥させる場合、2、3ヵ月もすると、それなりに乾燥します。柱、土台、梁《はり》などの構造材は、上棟後、組み上げたあとも乾燥しつづけます。そうして**自然に乾燥が進むことによって、木は強度を増していく**のです。

乾燥窯を見たときのショック

効率を追求する人たちは、人工乾燥作業所をつくって、木を乾燥窯に押しこみ、100度近い高熱で3日から10日熱しつづけ、水分を強制的に抜きとります。そのときに、樹木に含まれるその木独特の樹液も抜きとってしまう。

ヒノキの命ともいえる樹液を精製すると、高価な精油となり、これはこれで売られて行きます。薬効成分はすべてこの中にあります。

その結果、木は乾燥します。しかし、からから、かさかさになる。木肌をご覧になると一目瞭然でしょう。火炙《ひあぶ》りにされた、哀れな死体に見えてくるではありませんか。

これを国は推奨して、優《すぐ》れているという保証を与えています。

20年ほど前、九州大分の日田《ひた》に行ったとき、材木の大きな集荷場に行きました。トラックの荷物を入れるような大きな窯から、ヒノキの山積みが出てくるのを、偶然目にしました。窯の中の床には、黒いタールがいっぱいです。

窯の床いちめんに広がっていた黒いタールを蒸留すると、ヒノキの精油がとれますが、これがなんと1リットル2万5000円以上します。廃油にもかかわらず、じつに美しい精油になる。香りがよく、色はジョニ黒のような美味しそうな色ですが、ジョニ黒の何倍も高価なもの。この精油はアロマテラピー、医療、殺菌などに使われています。

窯から出てきたヒノキは白っぽい黄色をしています。私に思い浮かぶヒノキの肌は、ピンクの輝きです。窯から出てくるものには、それがまったくない。直感的に、「こういうのは使えないな」と思いました。倉庫に入れられた乾燥済みのヒノキの柱を見ます。やはり使えないなという思いが、さらに強くなりました。

乾燥した木を使う。これは正しい。しかし、人間が窯に押しこんで高温乾燥させるのは間違っている。80度から90度、130度と高温にして乾燥させているのです。材

窯での人工乾燥風景

大きな窯の中で、3日間くらい高温で人工乾燥

これでは強度が心配

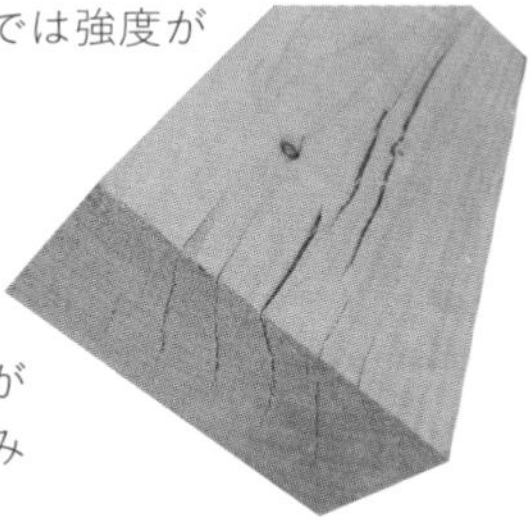

見た目は何でもないが縦半分に断ち割ってみると中はスカスカ

ヒノキの命ともいえる樹液を人工乾燥により「木」より抽出。その樹液を精製すると、高価なヒノキの精油となる

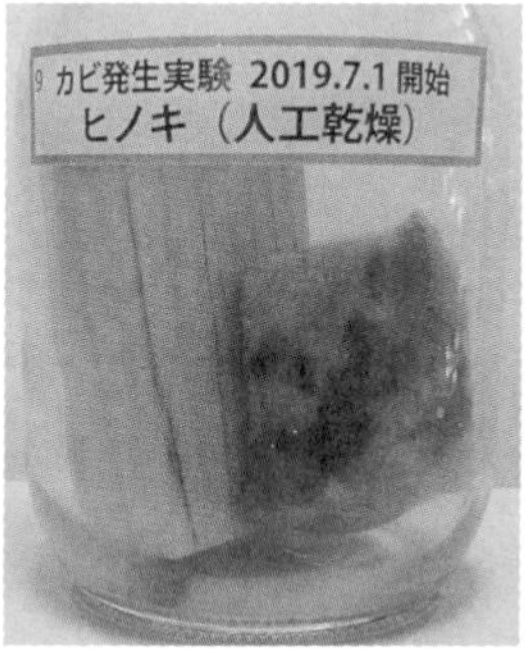

人工乾燥されたヒノキの木片は、パンのカビ菌を殺せない。ヒノキが死んでいるから

倉庫桟積み自然乾燥風景

ヒノキの柱を大きな倉庫で桟積みして、自然の状態で乾燥

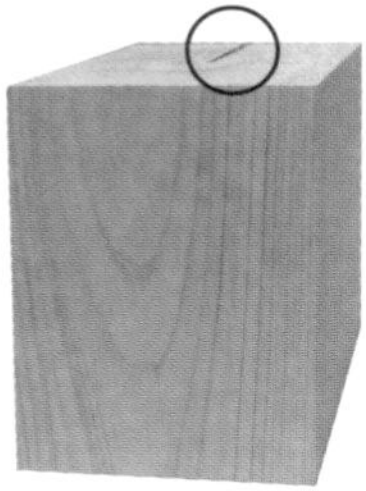

背割れを入れ
乾燥を助けている

天然本来の
美しい姿

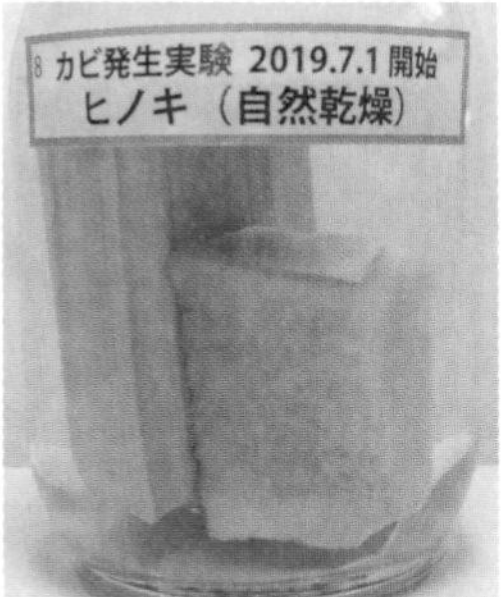

30日経ってもカビの発生はない

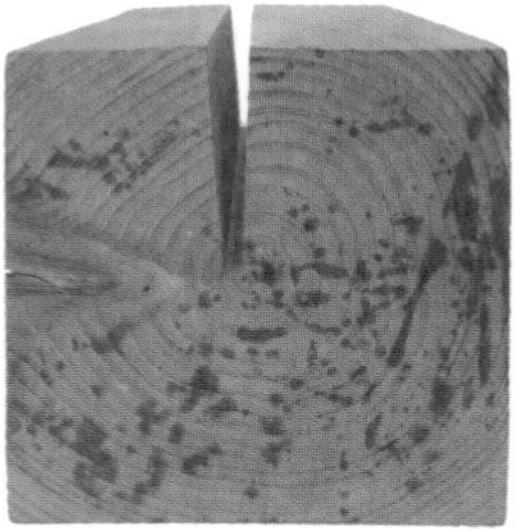

自然乾燥されたヒノキには、本来木が持つ樹液がにじみ出て、月日とともに硬い樹脂となる

木屋がいうには、「杉やヒノキの柱は人工乾燥ばかり」です。

高温人工乾燥のヒノキがいかなるものか、実際に手に取って確かめます。柱の中心にスが入っています。スの入った別の柱を中心で割ります。53ページの写真のようにすごいヒビ割れです。ところが外周はヒビ割れがなくきれいなのです。これが高温乾燥のひとつの特徴のようです。

かさかさでヒビ割れがないときれいだと思うのか。「死んでいるじゃないか、この木は」と私は思います。それはカビ実験で確かめたとおりです。

家の空気が森の中のようになるのを信じられますか？

ヒノキを使った家の素晴らしさ

私は学校で建築を学んだものではなく、お客さま、大工の棟梁、左官の親方、その他多くの職人から学んだ人間です。どんな家なら本当に喜んでもらえるか。そこだけを学んできました。叩き上げは叩き上げでも、お客さまに叩き上げられたものです。

さらに、私個人の性分が、それに加えられてきました。念には念を入れて建てていく。工夫をつねに重ねていく。いつも研究する。自分がよいと思い、満足する方向にためらわず変えていく。そのためにはケチケチしない。

お客さまこそが私の学校ですから、そこで教えられたことは忘れない。私の建てた、自然乾燥のヒノキのある家に入られたお客さまからの言葉は、すべて覚えています。

木の香りにうっとりされて「森の中にいるよう。なんてきれいな空気でしょう」と言われた明るい声。「箱根などの温泉旅館に行っても、新しく建てた家の空気が気持ちよいので、早く帰りたくなる」とおっしゃられた楽しそうな声。

アトピーで背中がかゆいと言って、20歳を過ぎてもお母さまに背中をかいてもらっていたお嬢さまが、カンザキ建設の家に移ってから、それがなくなった。そういう話をされた方もありました。

吉祥寺《きちじょうじ》のお客さまは、「新しい家に移ってから、愛犬の病院通いがなくなった」と言われました。それまでのワンちゃんは、いつも鼻水を垂らしていたのに、それがなくなったのです。大田区の方は、ペットの猫の病院通いがなくなったと、同じようなことを話されていましたが、そういうことが多いのです。

ヒノキの薬効成分については、昔からさまざまなことが言われていました。ヒノキの林で子どもが怪我をしたら、ヒノキの葉や枝の切り口を傷口につけると治《なお》りが早い。ヒノキの林の中には蚊がいない、とも言われています。

ダニや白アリ、雑菌を寄せつけない忌避能力があるとも言われていた。そのために家の土台や料理のまな板などに使用されてきました。

神社の参道にはヒノキの大木が並んでいますが、この樹木がさわやかな空気を醸《かも》し出し、人の心を落ち着かせるとも言われています。

ヒノキの森

ヒノキの葉：表

ヒノキの葉：裏

科学的な研究も進んできていて、平成４年に、農林水産省の森林総合研究所生物機能開発部生物活性物質研究室長である谷田《やた》貝光克《がいみつよし》氏は、ヒノキ科のひばの葉の中からピシフェリン酸という物質を抽出し、これが強い抗酸化作用、抗カビ作用、殺ダニ作用を有することを報告しています。ピシフェリン酸は、ヒノキオール、スギオールとよく似た構造の化合物です。

林野庁は平成６年から、ヒノキの立木の葉から出る樹木ガスを利用するための、抽出用プラント開発に着手しています。ヒノキの葉がつくり出すテルペノイド、フェノール性化合物、青葉アルコールなどは、鎮静作用、殺菌作用、消炎作用があります。

林野庁からは「科学的データによる木材・木造建築物のＱ＆Ａ」という小冊子が出ていて、どんなことがどこまでわかっているかを知ることができます。

こういったことを含めて、１センチ角ヒノキのカビ発生実験の結果が示している重大なことに私は驚愕《きょうがく》し、すべての建設関係者、顧客のみなさまの注目が集まるよう、こうして訴えているのです。

私が訴えたいことの中心は、自然乾燥の無垢の木と漆喰を使った建築ではない建築物についてです。それが今の日本の99パーセントを占めていて、そこで使われている

建材の、健康に与える危険が日本国民の共通認識になることを願い、それを証明するカビ実験を今すぐにでも示したいのですが、そのどれもが、あまりにも醜悪で、汚らしく、見たくもないものです。

私たちが見たいのは美しいもの、優れたものです。だから、それはあとに回します。しばらくは優れたもの、美しいものをもっとよく、もっと深く知ることに情熱を注いでいこうと思います。

もっと知りたい神秘の青森ひば

私には、青森ひばの存在も、なにか奇跡を思わせます。

ずば抜けて腐りにくく、水に強く、白アリを寄せつけない優れた特質。津軽《つがる》半島と下北《しもきた》半島を中心にした青森県だけに集中して分布しているという不思議さ。芽吹いてから数十年、長いものでは100年近くもの間、日の目を見るまでじっと待ちつづけるという健気《けなげ》で粘り強い生い立ち。

成木《せいぼく》になるまでには、200年、300年という途方もない時を必要とする青森ひば。青森ひばの成木になるまでの時の過ごし方は、じつに不思議に満ちています。

前の年の秋に母樹から落ちた種は、翌年春に芽を出します。杉やヒノキであれば、まっすぐ上を向いて成長が始まりますが、青森ひばの稚樹《ちじゅ》は、芽吹いたあとも薄暗い森の中でろくに成長せず、地表近くを這うようにして、長い幼年期を過ごします。その期間は数十年から100年近くに達し、周りの木が枯れたり伐採されて光が入るまで、じっと待ちつづけます。

青森ひばの森では、そうした稚樹がまるで薮《やぶ》のように繁茂《はんも》している姿がよく見かけられます。ふつうの木であれば、そのような環境にはとても耐えられずに枯れてしまいますが、青森ひばはかえってその期間が長いほど、品質のよい魅力ある木に育つそうです。

そしてひとたび光を得ると、この時を待っていたかのごとく、すっくと立ち、上を目指してぐんぐん伸びはじめると言います。長い雌伏《しふく》の時期があってこそ、大輪の花が咲くという日本人好みの成功譚ですが、青森ひばの生い立ちと、成木後の堂々たる大樹の風格はまさにそれです。

伏条更新《ふくじょうこうしん》が多いのも青森ひばの特徴のひとつ。伏条更新とは雪などの重みで地面に押しつけられた枝の一部から発根して、繁茂するもので、青森ひばの生命力の強さが

青森ひば稚樹

左手前が稚樹、右側に成長をはじめた樹。後ろが成木

青森ひばの森風景

年輪と製材風景

樹齢200年はゆうに超す丸太、製材する際は1本1本大切に扱う

伐採風景

伐採される木は樹齢200年～300年の大樹

うかがい知れます。

青森ひばの驚異的な耐久性

青森ひばの森は、人が植えたものではなく天然の森です。心洗われる感じがします。200年、300年をかけてゆっくりと成長した材の木目はあくまでも緻密《ちみつ》で美しい。人工的に育てられた杉には、樹齢40年ほどで直径30センチを超えるまでに成長するものがよくありますが、青森ひばの場合、その太さになるには100年以上の年月を必要とします。それだけ木目は詰まり、材面の表情は繊細になります。

材の色は黄みを帯びた白色で、年を経るほどに黄金に似た輝きを増す。これがゴールデンウッドと言われるゆえんです。国内に他にはない独特の色合いで、派手さはないが、深みのある光沢《こうたく》で室内を彩ります。

さらには、その芳香《ほうこう》を忘れるわけにはいきません。青森ひばに含まれるヒノキチオールなどの薬効成分が放つ香りは、ヒノキのそれとはまた別の興趣に富んでいます。青森ひばが青森ひばたるそのゆえんを、この芳香に求める人も多いのです。しかし、建築材としての青森ひばの最大の特徴は、やはり「腐りにくく、白アリを寄せつけない」

ことにとどめを刺します。耐久性の高さは半端なものではありません。

下北半島の太平洋側に位置する東通村《ひがしどおりむら》の猿ケ森《さるがもり》というところに、８００年前の大津波によって砂に埋れたと推測されている、青森ひばの埋没林があります。現地を訪れると、乾ききった白い肌をさらした青森ひばが、土中から何本も突き出ているのを見ることができます。

すさまじいばかりの光景ですが、驚くべきは、朽ち果てたかのように見えるこれらの青森ひばが、腐朽《ふきゅう》しているのは表面から2センチほどのところだけで、内部はまだ十分に木材として使うことができることです。腐りにくいと言われる木はほかにもあるけれど、これほどにもなると、なにか神秘的なものを感じずにはいられません。

この**驚異的な腐りにくさの秘密は、芳香を生む原因物質のヒノキチオールにあります。**ヒノキチオールは、きわめて抗菌性が高い物質で、台湾ヒノキから最初に抽出されたためこの名があります。このヒノキチオールが、台湾ヒノキの10倍も青森ひばには含まれているのです。

多くの日本の木造住宅では、土台の腐れや白アリ被害を防ぐために材に化学薬品を注入したり塗布《とふ》したりしています。青森ひばを使えば、身体によくない影響を与えるそんな化学的な処理はしない。カンザキの家は、土台に青森ひばを使っています。

百聞は一見にしかずで、おすすめしたいところがあります。飯田橋の東和富士見ビル1階の「ひば工房」。店内に入るとフィトンチッドの匂いでいっぱい。

青森ひばでつくった机や椅子、テーブルなどの家具から、まな板、すのこなどの日用品、玩具、ひば精油、ひば化粧品、ひば染めのハンカチやタオルまで、手にとってその素晴らしさが実感できます。

人にも酵母菌にもやさしい杉

杉の建築で有名なのは、京都の桂離宮《かつらりきゅう》でしょう。建築家のブルーノ・タウトが絶賛して以来、美しい建築として世界的な存在になっています。

杉の柱、梁《はり》、桁梁《けたはり》の家づくりがいかに人の健康によいかが、科学的にわかってきています。シックハウス症候群は、室内の空気に染み出した化学物質に対する過敏症です。

建材が空気を汚すもので、九州大学がその症状に苦しむ主婦の方を対象にして調べ、結果が出ました。

その過敏症の方がどんな家なら住めるのか、室内にいろいろな建材を使って試験し

酒樽

ヒノキの枡

醤油樽

皇室専用保管庫

てきたところ、自然乾燥の杉の部屋には住めることがわかりました。驚くべきことに、その方は、同じ杉材でも、高温人工乾燥の杉の部屋には、どうしても苦しくなって住めなかったのでした。

自然乾燥の杉は、このように人にやさしい。そして酵母菌《こうぼきん》にもやさしいのです。酒樽といえば、杉以外あり得ません。

酒の味のわかる人にとって、樽酒の香りは素晴らしいものです。そして飲むときは、ヒノキのマスに入れるのがいちばん。そうして飲む美味しさは世界一です。

千葉県野田市にあるキッコーマンしょうゆ工場に見学に行きました。入り口右側に、日本瓦葺《にほんかわらぶ》きの伝統構法で建てられた皇室御用達の醤油が保管されている無垢《むく》の木と漆喰壁《しっくいかべ》の家があります。その中に、大きな木の醤油樽があります。それこそが杉の樽です。

酵母菌の助けを借りる日本の食物、味噌、醤油、漬物。それらをつくる樽は、すべて杉の樽です。

生き物にとって、杉は住み心地がよいのです。

1本2000万円のヒノキの柱を見ることに意味がある

ヒノキの家は日本の宝

日本書紀には「神社にはヒノキを使うように」という、スサノオノミコトの言葉が記されています。

遠い昔から、なぜかヒノキは尊ばれていました。林野庁の「科学的データによる木材・木造建築物のQ＆A」のヒノキ部門を見ると、科学的分析の結果、「ヒノキは人の免疫能力を高めてくれる」「呼吸することによる調湿効果で、快適な住空間をつくってくれる」と書かれています。

ヒノキを人の健康面から考えると、「香りがよく、リラックス効果が大きい」かつ、カビの発生実験によってわかったように、「抗菌力がある」のです。

私が建築を学んだのは、お客さま、各棟梁、そして各職人の方々からだと述べましたが、もうひとつ、私の学んだ学校があります。それは「本物とは何か」を教えてく

伊勢神宮

法隆寺

平等院

正倉院

名古屋城

座敷横面

本丸御殿座敷正面

天井

廊下

れる素晴らしい建造物です。

日本の自然が恵んでくれた材料を使い、日本の風土に合った構造をもち、長い年月をもちこたえて、美しい姿で建ちつづけているもの。それらは、みんな私の先生でした。20年に一度の式年遷宮《しきねんせんぐう》の伊勢神宮。総ヒノキ造りです。伝統的建築技術の継承だけではなく、金細工《きんざいく》や漆塗《うるしぬ》りなどの伝統技術を絶やさないために、すべて新しくつくります。総予算は５００億円とも言われています。

世界最古の木造建築の法隆寺は、総ヒノキ造りで、日本で世界遺産登録の第1号。聖徳太子《しょうとくたいし》の発願で建立《こんりゅう》されたと言われています。10円玉の裏にある宇治《うじ》の平等院《びょうどういん》もヒノキ造りです。

徳川家康が建立した名古屋城も総ヒノキ。大戦で焼失し、鉄骨・鉄筋コンクリートに建て直しましたが、ヒノキでの建て直しが計画されています。予算は５００億円以上という話です。材料のヒノキが揃わないのではないかとも言われています。

その名古屋城の本丸御殿《ほんまるごてん》は、平成30年に建て直されましたが、総ヒノキ造りです。

私のお客さまが、ある大手のゼネコンの取締役をしていて、その会社が名古屋城本丸御殿の工事を請け負っていました。

「完成間近だから、見ておいたほうがいいのではないか」と誘ってくださったので、見に行きました。そのときに撮ってきた写真をご覧ください。

柱はすべて6寸角のヒノキです。とくに柱のヒノキは上質なものを使い、1本600万円だということです。玄関入り口の対2本の柱は、1本2000万円とのことでした。1尺×2尺の太さで、今の時代にはめったに手に入らないものです。

和室には柾目《まさめ》のヒノキを使います。あまりにも高価なので、一般の家には使いません。このような本物中の本物だけを使っていますから、当然高い。請負金額は100億円だということでした。このお金は名古屋市が募った寄付によるもので、私もほんのわずかですが寄付させていただきました。

そのヒノキのご縁か、徳川家のご縁あってか、徳川慶喜《とくがわよしのぶ》公の曾孫《ひまご》にあたる徳川様より自邸の設計施工のご用命がありました。

大政奉還から150年余りを経た2021年、NHK大河ドラマで「青天を衝け」が放送された年の師走、徳川邸の竣工を迎えることができました。

やはり、徳川家には、ヒノキ造りが相応《ふさわ》しい。

徳川邸の上棟式

上棟時の木造骨組み

徳川邸の和室
100年以上前の付書院（障子と欄間）、床柱、地板、無垢材の違い棚を再利用

徳川邸を仕上げた内田康夫棟梁

いいものをたくさん見る

皇室関係の建物は、基本的にヒノキ造りで建てられています。本物のいいものを建てようとすると、日本ではヒノキ造りに落ち着くのです。カンザキの家はヒノキを使って建てます。ここに落ち着くのが当たり前です。これこそが「いい家」だからです。

神奈川県にある「陣屋《じんや》」という旅館は、将棋でも有名ですが、明治天皇がおいでになられた「松風の間」という部屋があります。

一般的な床の間は、紫檀《したん》、黒檀《こくたん》、鉄刀木《たがやさん》、花梨《かりん》など、色のついたものが多く、杉、ヒノキを使うときも、杉の絞り丸太とかヒノキの錆《さび》丸太といった凝ったものになります。しかし、天皇家、皇室関係の柱は、ヒノキ。とくに床柱《とこばしら》は四寸角(12センチ×12センチ)のヒノキの柾目の節のないもの。柱としては、太いものではありません。すっきりとしています。

今日では、将棋の名人戦やタイトル戦に使われています。

世界に名だたる神社仏閣やら、やんごとなき方のための旅館とか、とてつもない立派なお城やら、現代の一市民に関係ないと思われるかもしれません。たしかに関係はありません。でも、これが、勉強に行ったときに出合った私の先生だったのです。

陣屋正面座敷

廊下

床の間

住宅を建てようとして、お客さまもモデルハウスに行き、素材を見ます。触ってもみるでしょう。そのとき、いいものを見たら、即座に「いい！」と感じる感性、感覚を磨《みが》くことはとても大切です。

見るべきものは、日本だけではない。左の写真は、今から12年前に、フランスに木造建築の勉強に行ったときに出合った、「市場500年祭」の木造建築です。自然乾燥させた木は、フランスの風土でも500年、1000年平気な顔をして建っています。木組みもとても興味深く、日本と同じ木組みをそこで見つけたのも喜びでした。

この市場の構造物は、樫《かし》の木とクリの木でつくられていました。日本の住宅では土台に使うような硬い木です。これらの木を選んだマエストロの無骨な趣味に、楽しく共感したものでした。

見るべき「いいもの」に上限はありません。貪欲に本物を見る。見て歩く。こんな楽しいことはないと思います。

市場天井

梁のアップ

込み栓打ち

漆喰は古代から人生の豊かさを守りつづけてきた

壁材のルネサンス

季節ごとの光の中、しっとりと輝く白壁。姫路城《ひめじじょう》の漆喰の白の美しさは素晴らしく、白鷺城《しらさぎじょう》の名で讃えられています。漆喰は素晴らしい自然素材です。もとを正せば海に生きる貝やサンゴ。それに石灰石《せっかいせき》。つなぎに海藻などが混ぜられています。

伝統的な建築物は、ヒノキなどの無垢の木を建築材として使い、壁材は漆喰ですから、まるごと自然素材でできている。たとえば、奈良・京都など、古都の美しい神社仏閣や歴史的建築物は、白がアクセントになっています。法隆寺も平等院も京都御所《きょうとごしょ》も、みな美しい漆喰壁です。

江戸時代、日本橋の下を流れる日本橋川の両岸には、白壁の蔵《くら》がずらっとどこまでも並んでいました。小京都とか小江戸と呼ばれる町には、まだ古い蔵が残っています。その漆喰の白は、今でもこんなに人々を惹《ひ》きつけるのに、日本の建築現場から消えてしまいました。

その一方で、鳥インフルエンザ、豚コレラが蔓延《まんえん》して、鶏、豚が死んでいくとき、テレビの映像は、漆喰と同じ成分の物質を映しています。養鶏場、養豚場で、白い防護服、白い長靴の作業員が白い粉をたくさん撒《ま》いて消毒します。

何を撒いているのか。漆喰です。ヒノキはカビ菌を殺しますが、漆喰にもすぐれた殺菌作用があるのです。

漆喰＝消石灰です。消石灰＝水酸化カルシウム＝$Ca(OH)_2$。ウイルス等に対する殺菌力をもっています。強アルカリ性が、殺菌効果をもつのです。

消石灰に水分を吸わせることによって、ウイルスは死にます。鳥インフルエンザウイルスや豚コレラウイルスが発生したとき、消石灰を撒くのはこのためです。

漆喰壁は、ウイルスを死滅させる化学的原理があるのです。乾いた状態の漆喰壁はほとんど中性で、それを強アルカリにするには水分が必要です。

空気中の水分を含むウイルスが、漆喰壁の表面につくと、漆喰＝消石灰は強アルカリになるので、漆喰壁に付着したウイルスは死滅します。

漆喰壁顕微鏡アップ（2000倍）

漆喰の原料と窯で焼いている写真

貝殻

消石灰

窯で焼く

漆喰（消石灰）

消毒風景

塗りパターン6種

ハケ引き

ヨコ引き

クシ引き

ラフ押さえ

ランダム

乱流

漆喰壁に接すると空気が変わります。自然乾燥の木と同じく、呼吸をしているからです。漆喰の強いアルカリ性は、漆喰の中に入ってきたウイルスであろうと、ホルムアルデヒドであろうと、その有害性を浄化してしまいます。

日本の漆喰壁は、消石灰、海藻のツノマタ、麻の繊維であるスサをよく撹拌《かくはん》します。撹拌の際に生じる細かい気泡が壁に塗られることによって、壁には無数の微小な空気穴が存在し、空気が移動することができるのです。

壁の中と外を自由に移動する空気、その移動中に空気はつねに成分に触れているのです。そのときに漆喰壁の殺菌力が発揮されているのでしょう。

漆喰には化学的効果だけではなく、壁を美しく装飾する効果もあります。鏝《こて》をあつかう左官職人の技術で、塗りにはいろいろなパターンがありますから、好みのテイストを選ぶことができます。カンザキのモデルハウスに来られた方は、この漆喰の2つの効果に驚かれます。

部屋の空気がきれいになる漆喰を、壁材として復活させることができ、漆喰を再発見できた。このことを、私は誇りに思っています。本当に最高の壁材です。その理由を並べてみましょう。

1　前に述べたとおり強アルカリ性のため、有害物質を吸着分解し、臭いも吸収抑制して、澄んだ空気環境にしてくれます。

2　決して燃えない。火事にあっても延焼しない。蔵の壁が必ず漆喰で塗られているのは、そのためです。建築基準法でも、不燃材に認定されています。

3　呼吸し、調湿能力があり、湿気を吸ってカビの発生を抑えます。蔵には、代々伝えたい大切なものを保管しますが、それを傷めないのです。村樫石灰工業《むらかしせっかいこうぎょう》の調べによると、1平方メートルあたり500ミリリットルのペットボトル664本分の湿気を吸収しました。「呼吸する壁」といわれるのは、このためです。

4　静電気が発生しないので、埃がつかず、じつに汚れにくい。静電気で、人やペットにストレスを与えることがありません。

5　漆喰の白壁は、年数がたっても白さを維持します。あらゆる壁が薄汚れていくなか、漆喰だけは、いつまでも美しいまま。自分で白くなろうとする白化作用があるためです。

6　子どもがマジックなどで汚しても、サンドペーパーで削ったり、水に浸した予備の漆喰を使って上から塗れば、簡単に跡形もなく消せます。誰でも補修できるのです。

こんないいものはないでしょう。

すっかり漆喰で覆われた蔵には、空気のきれいさ、カビが発生しない気持ちよさ、湿度がいつも調整されていてさわやか、決して燃えることのない安心感があります。子どものころ、叱られて蔵に閉じこめられた経験のある人は、「気持ちがいい場所だった」と証言しています。

井上靖《いのうえやすし》の自伝的小説『しろばんば』は、祖母とふたりで、蔵で暮らしている少年が主人公ですが、蔵の暮らしは、伊豆の風光とともに、とても清々《すがすが》しく描かれています。

世界の文化を支えた漆喰

漆喰は、石灰石や貝殻をまず窯《かま》に入れ、1000℃以上の熱で3日以上焼かなければなりません。エジプトのピラミッドの壁に使われたことからも、人類の歴史における文明発祥の原点ともいえるでしょう。

茶っぽい色をした高純度の石灰石（$CaCO_3$）はカルシウムが主成分です。コークスなどで燃焼すると真白い塊・生石灰《せいせっかい》（CaO）になり、水を加えると加水分解の化学反応によって沸騰し、微粒の真っ白な粉になります。これが漆喰です。

石灰石は世界中にあり、漆喰はどこでもつくられ、さまざまに使用されてきました。古くは、古代エジプトの壁画の下地に使われ、ピラミッドそのものの建造にも使われたといわれています。

漆喰の白い壁は、世界を旅すると、いたるところで見ることができます。ベルサイユ宮殿もバチカン宮殿も、構造が石造りでも、床や小屋づくりは無垢の木、壁はすべて漆喰です。ロシアのエルミタージュ美術館の壁も漆喰でした。フレスコ画の下地は漆喰の白ですから、壁画のある建築はみな漆喰壁です。

ミケランジェロの「天地創造」も、ダ・ヴィンチの「最後の晩餐《ばんさん》」も、みな漆喰壁の上に描かれ、法隆寺金堂の壁画も、高松塚古墳の壁画も、同じく漆喰が下地となっています。

漆喰を真ん中にして、世界中の美が踊っている。そういう素晴らしい素材だといえます。その素材が、自宅の白い壁としていつも共にある。なんだか楽しい。しかも空気はきれいになって過ごしやすい。最高の壁材だと私は思います。

こういう国が、どこかにあるとしましょう。

ベルサイユ宮殿外観

バチカン宮殿外観

夏の湿気は強いが、変化に富んだ四季がある。きれいな水は豊富にあり、雑草の繁茂に往生するくらい、生物が生きるのに適している。国土の70パーセント近くは、山林が占めている。ヒノキ、杉、青森ひば、タモ、桐、桜、松など、それぞれにすぐれた見どころのある建材を豊かに育《はぐく》んでいます。周りは海に囲まれているので、漆喰の原料となる貝殻も石灰石もいくらでもあります。

無垢の木と漆喰で家をつくり、健康で、明るい人生を歩む条件は、すべて整っています。それなのに、わざわざ珍妙な建材を使って、病気を誘発するような家を建て、苦しんでいる。行政にもそれを根本的に正す能力がありません。

そんな変な国があるはずがない。残念ながら、この変な国が、今の日本なのです。

素晴らしい漆喰を使わずに、ビニールクロスを使う。この石油製品の原価を聞いたら、顎《あご》が外れてしまうでしょう。こんな安い建材はないのです。住まいにもっとも適した杉、ヒノキ、松が大量にあるのに、それを使わない。不思議でなりません。

２０１８年には、中国人は日本の杉とヒノキを３５０億円買っています。ヒノキがどれほどすごい木であるかを知ったら、中国人ばかりか、世界中から買い手が殺到し、日本人が気がついたころには、今より買いにくくなっているでしょう。

一流住宅メーカーの使う室内材の惨劇

99パーセントの国民は知らない

家族の健康を守ってくれる建材は、ヒノキをはじめとした無垢の木、そして壁材としての漆喰である。ここまで、私が述べてきたことはそれに尽きます。ところが、そうしてつくられた家はごく一部にすぎません。大多数、99パーセントのマンション、事務所、新築の家は、別のもので建てられています。

別の建材とはいったい何か。

モデルハウスに行った方は、おわかりでしょう。室内はとても美しい。玄関の吹抜けも素敵です。広々としたリビングルームも過ごしやすそうだし、しゃれたシステムキッチンにはうっとりしてしまう。フローリングの床は床暖房になっているし、壁もおしゃれです。

モデルルームは、家族固有の生活感をぬぐい去っていますから、住んでいる家とは

フローリング材
と施工例

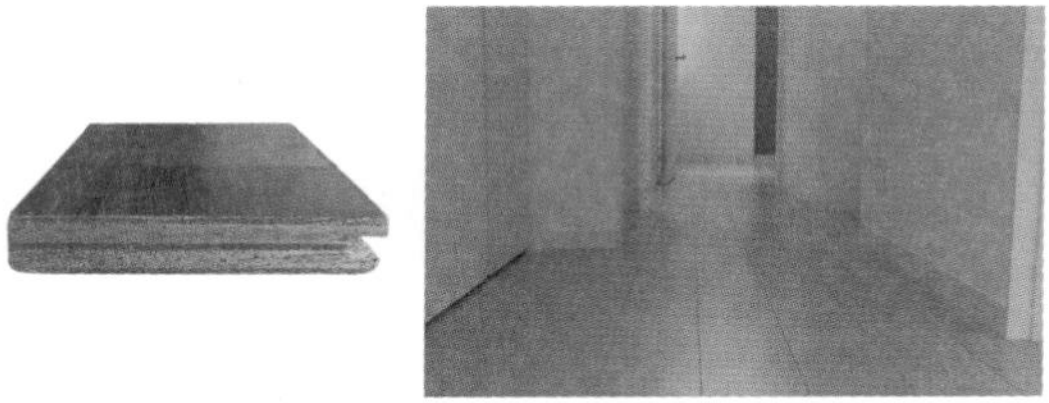

床は合板（ベニヤ）のフローリング

ビニールクロス
と剥がれ例

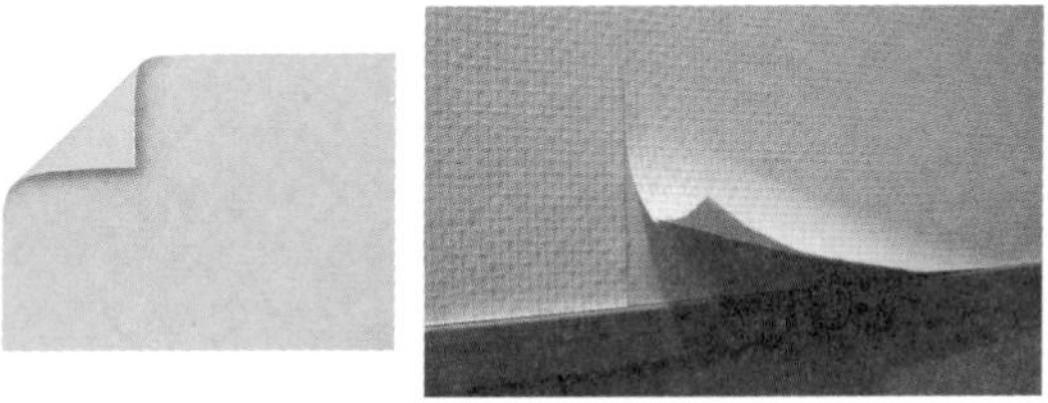

壁および天井はビニールクロス

パーティクル
ボード材と
施工例

窓枠・ドア枠（パーティクルボード）

MDFの幅木と
施工例

幅木（MDF）

大違いです。このぴっかぴかの雰囲気に押されて、目を近づけて建材を見たり、触って確かめたりはしない。

実際のところ、見た目ではわからないのです。断ち割ったり、分解してみないと正体はわからない。そういう建材が使われています。

床はなんでしょう。フローリングです。木に見える。でも、木ではないのです。このフローリングは、石油系接着剤で張り合わせた合板、つまりベニヤに、木目模様のビニールシートが張ってある。

窓枠やドア枠はなんでしょう。木に見えます。実際はパーティクルボード、MDF（中密度繊維板）といわれる建材です。木くずや紙くずを石油系接着剤で固めて、その上に、木を模した模様をプリントしたビニールシート、あるいはプラスチックシートを張ったものです。

幅木というのは、壁と床の接するところの隙間を隠し、掃除機などのぶつかる衝撃を受ける細い板のことです。これも木ではない。ボール紙に木目模様のビニールシートを張ったものです。

壁は、触ってみればわかるでしょう。砂壁《すなかべ》やら、木目《もくめ》やら、コルク壁やらを、超リアルに再現したビニールクロスです。

室内に使う建材として、木くず、紙くず、ボール紙などの廃材を使って、ビニールでお化粧しておすましししている。こういう会社とは、いったいどんな会社なのか。

鉄骨や鉄筋コンクリートの大規模マンションや、事務所ビルを建てている総合建設業、つまりゼネコンだといったら、信じられるでしょうか。一流の建設事務所の設計仕様に、これらの建材が使われている。これも信じがたいでしょう。日本を代表する、超一流住宅メーカーの使っている建材だといったら、嘘だと思うでしょう。

本当なのです。

住宅メーカーを中心にして、建築業界の99パーセントが使用しているのが、これらの石油系の接着建材です。では、それを誰が知っているのか。

建築を仕事としているプロの99パーセントは、知っています。一、二級建築士。建築管理技士。彼らは接着建材のことを知っています。

住宅メーカーの営業マンはどうか。住まいの建築について、彼らはまったく知らないでしょう。しかし、住宅メーカーの現場で、工事を担当している人は、すべて知っている。

そして、国民の99パーセントは、いまだに知らないだろうと思います。

懲役も罰金も

日本では、「24時間換気システム」が建築基準法で定められています。24時間回しつづける換気扇を取りつけ、回しつづけないと、家を建ててはいけない。違反して家を建てた場合、1年以下の懲役か100万円以下の罰金に処する。

今の建材が、木くず、紙くずを接着剤で固めた建材で建てられているため、室内の空気が、ホルムアルデヒド、トルエン、キシレンといった毒性のある揮発物質で汚染され、人が住むことが困難なことに、国が気づいたのです。

汚染された空気を外の空気と入れ換えなければ、とても危険で住めない。その空気の入れ換えのための法規制です。とにかく、24時間回しつづけなさい。死ぬまで回しつづけなさい……。

換気扇は必要です。トイレ、バスルーム、キッチン、リビング。各部屋に取りつけるのも自由です。換気扇とは、必要とするときに使うものなのです。それを、換気扇を止めてはいけません。室内空気が汚染されているから……。

郵 便 は が き

切手をお貼りください。

102-0071

東京都千代田区富士見一―二―十一
KAWADAフラッツ一階

さくら舎 行

住 所	〒 都道府県			
フリガナ		年齢	歳	
氏 名				
		性別	男	女
TEL	( )			
E-Mail				

さくら舎ウェブサイト www.sakurasha.com

愛読者カード

ご購読ありがとうございました。今後の参考とさせていただきますので、ご協力をお願いいたします。また、新刊案内等をお送りさせていただくことがあります。

【1】本のタイトルをお書きください。

【2】この本を何でお知りになりましたか。

1.書店で実物を見て　2.新聞広告(　　　　新聞)
3.書評で(　　　)　4.図書館・図書室で　5.人にすすめられて
6.インターネット　7.その他(　　　　)

【3】お買い求めになった理由をお聞かせください。

1.タイトルにひかれて　2.テーマやジャンルに興味があるので
3.著者が好きだから　4.カバーデザインがよかったから
5.その他(　　　　)

【4】お買い求めの店名を教えてください。

【5】本書についてのご意見、ご感想をお聞かせください。

●ご記入のご感想を、広告等、本のPRに使わせていただいてもよろしいですか。
□に✓をご記入ください。　□ 実名で可　□ 匿名で可　□ 不可こんな狂った法律など、ただちにやめるべきでしょう。法律をつくるのなら、「換気扇を24時間回しつづけないでも住めるような、安全な家を建てる法律」でしょうに。しかし、住宅メーカーが考え出したのは、元凶である接着建材はそのままにしての全館空調システムです。埃《ほこり》がダクトに溜まったまま、空気を循環。フィルターで埃が取れるから大丈夫。本当でしょうか。換気ダクトは、じつはカビ、埃でいっぱいです。これも喘息《ぜんそく》やアレルギーの原因のひとつかもしれません。

接着建材を多用した住まいをやめて、無垢の木と漆喰の住まいにすれば、こんなものはあっという間に解消してしまう。ただ、残念なことに国民の99パーセントに危機感がない。そもそも知らないのです。

真っ黒にカビて消えていくパン

いくら言ってもピンとこないのかもしれません。それなら、建てた住まいに起こっている惨劇の象徴として、カビ実験の写真をお見せします。汚らしいものです。じつに醜悪です。思わず目を背けたくなる。こんなもの、見なかったことにしたい。

でも、これが現実なのです。

木造住宅、ツーバイフォー住宅、鉄骨、鉄筋コンクリート住宅などの構造に関係なく、今の建築界の99パーセントが使っている接着建材。不健康建材と言わざるを得ませんが、まずは室内の素材・建材を調べます。

4種類の建材を選びました。いずれも、日本を代表する、超一流住宅メーカーの使っている建材です。

まず、フローリング。見た目は無垢の木のようですが、じつは合板です。石油系接着剤を一面に塗って、何枚も薄い板を張り合わせています。それが実態です。約450ccのガラスビンを用意し、床板の断片といっしょにパンを入れる。

10日後、30日後に撮影する。ご覧のとおりです。

次は、パーティクルボード。窓枠やドア枠に使用される建材ですが、こちらも木材ではなく、木くずを石油系接着材で固めて、木目模様を印刷したビニールシートを張った、木材に見せかけた建材。同様にビンに入れ、経過を観察します。結果はご覧のとおり。

そして、MDFの幅木《はばき》で試します。この建材は、ボール紙にビニールシートを張ったものです。結果はご覧のとおりです。

合板の床　パーティクルボード OSBの窓枠・ドア枠　MDFの幅木　壁・天井のビニールクロス

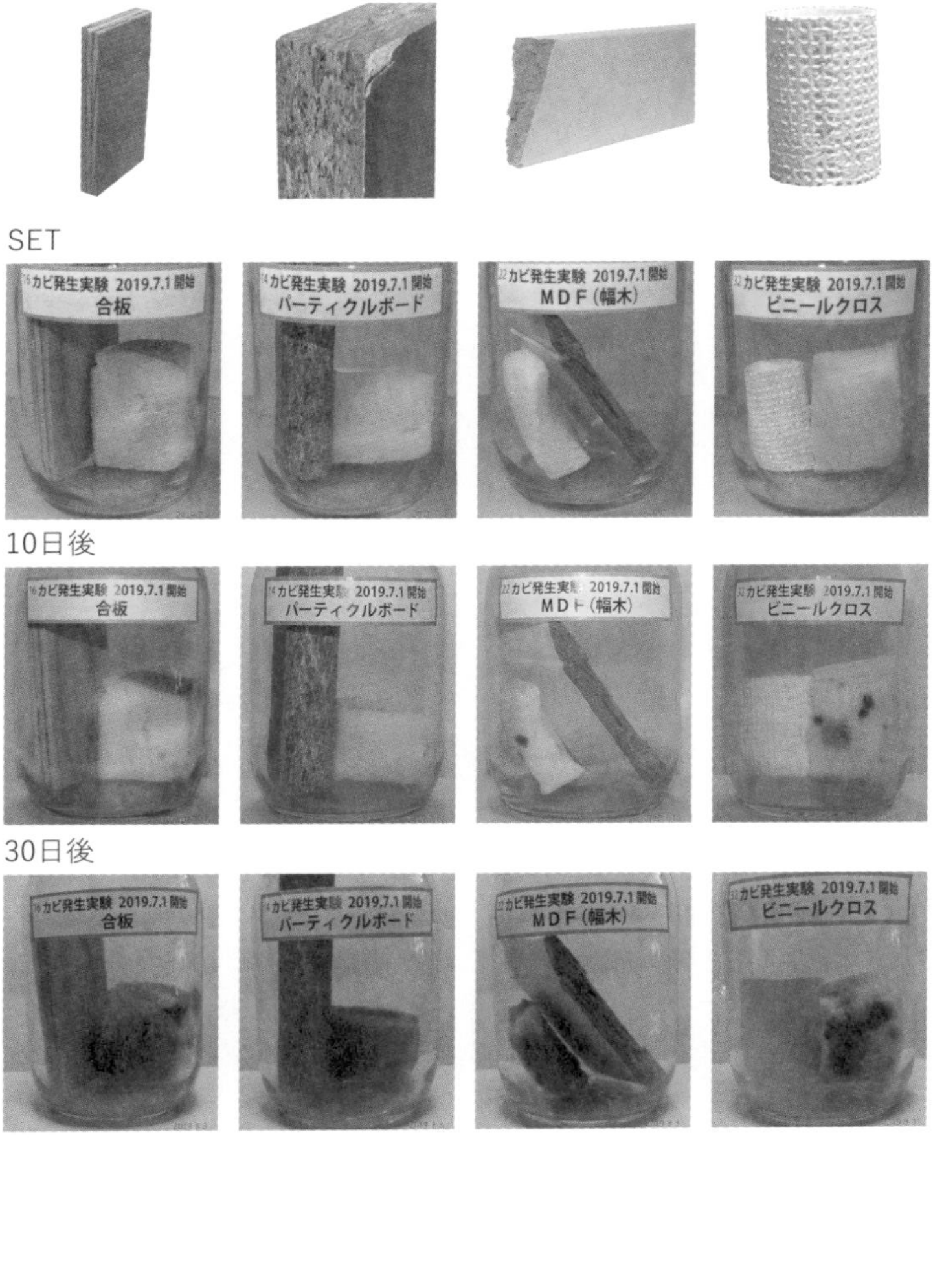

最後に壁や天井で使用されるビニールクロスでも試します。ご覧のとおり。30日後の状態を見ると、カビ菌が大喜びで大好きな炭水化物に集まり、大繁盛、大繁殖して食べ尽くしている。ふわふわの白いパンは、今や青黒くカビに覆われ、無残な残骸を残すだけになり、建材そのものにまでカビ菌が乗り移っています。

これらの建材は、木や紙を材料に使っていますが、接着効果を高めるために、ものすごい熱エネルギーを使って徹底的に乾燥させているのです。建材は完全に死んでいる。石油系接着剤から染み出してくる揮発性ガスの毒性は、時間とともに室内に行きわたっていく。

ビンの中の空気は、縮小された部屋の中の空気とお考えください。ビンの中の建材の断片は、室内では一見立派に見える建材そのものです。

では、パンは何か?

パンは、そこで暮らすその家の住人ではないでしょうか。

幸せいっぱいの笑顔で家に入った大切な家族たち。その新築の家で起こるのが、こんな事態だとしたら……。

アトピー、アレルギー、アルツハイマー、癌になりやすいのは当然でしょう。生涯一度の大きな買い物が、家です。

こんなことのために、大金をはたいて納得できるのか。何度でもビンの中をご覧ください。納得する人など、いるはずがありません。

まっとうな姿

以前に450ccのガラスビンの中で、1センチ角のヒノキを入れておこなったカビ実験の写真をご覧いただきました。

この「小さな巨人」が、どのくらいの広さの空気を浄化するのか知りたくて、およそ倍の1000ccのガラスビンで試したものがあります。

セット後3ヵ月のビンの中です。

きれいなパンをご覧ください。

材木になっても生きている、自然乾燥の無垢のヒノキ。

これが、まっとうな姿です。

３ヵ月後

パンは水分を含んでいるので、外気が冷えるとビンの中の湿気で結露することがある。それでもカビは発生しない

SET日のビン

※天乾＝天然乾燥＝自然乾燥

３ヵ月後（角度違い）

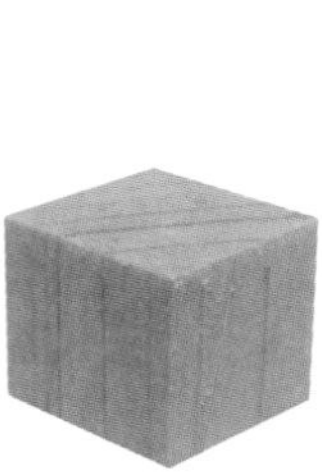

1センチ角のヒノキ

一流住宅メーカーの使う構造材の惨劇

家の骨組みは大丈夫か

内装の仕上げ材が、どれもこれも木に見せたニセ建材で、健康を害する危険があることを指摘してきました。では、家の骨格をなす構造材は大丈夫だろうか。トップ住宅メーカーをはじめとした建設業界では、次のような建材が使用されています。

1　鉄板

これは、鉄骨住宅に使う柱や梁の一部となります。軽量鉄骨と鉄筋コンクリートの建物に使用する分厚い鉄骨があります。

2　合板・ベニヤ

ツーバイフォー住宅を中心に、あらゆる建物に使われています。大木を桂剥《かつらむ》きにしてできた2～3ミリの薄い板全体に、接着剤を霧状にして吹きつけ、タテヨコ交互に張り合わせたものです。

住宅建築の現場を通りすがりに見ていて、驚いた人もいるでしょう。土台ができたなと思うと、あっという間に家が建ってしまう。パネルを、立てたり敷いたりしてつくる壁構造だからですが、パネルの本体はこれです。

3 集成材《しゅうせいざい》

北欧から輸入したパイン、日本の杉、ヒノキ（いずれも高温乾燥材）などを、2〜3センチの木片にして接着剤を全面に塗り、張り合わせたもので、柱や梁に使います。今の住宅の柱、梁は、ほとんどが集成材になってしまいました。

「集成材は、無垢の木より強度がある」と、建築会社はお客に説明するのがつねで、それで納得させられてしまうためです。私は、埼玉県の産業技術総合センターで曲げ強度試験をしてみました。ホワイトウッド集成材と、無垢のヒノキ（死節《しにぶし》）で比較したところ、真っ赤な嘘でした。

4 防蟻剤《ぼうぎざい》を注入した土台

土台は、シロアリに食べられると崩壊して家の倒壊につながります。そのための措置ですが、防蟻剤は毒性が強いので、揮発したものが室内に入ると危険です。

シロアリにきわめて強い木が、日本にはあります。防蟻剤などもちろん不要です。

5　OSB

内装材でご紹介したパーティクルボードは、木材の小片を接着剤で固めたものをビニールシートなどで覆ったものですが、構造材として使われるOSBは、板の形状に固めたままで、スライスした小片がむき出しになっています。

成長が早いけれども、建築用としては強度がない木があります。それを小さくスライスして、方向性をもたせて寄り合わせてあるので、全面、荒々しい模様になっています。板の表面を見ると、固められたひとつひとつの木片の姿を見ることができます。

接着建材は、どれも同じく、接着剤が効くように木を徹底的に乾燥させています。そのためには膨大なエネルギーが必要で、地球温暖化の一因になっていることは否《いな》めません。石油系の接着剤という、有機化学製品から揮発する有毒ガスも問題です。

パーティクルボード

拡大

OSB

断面

防蟻剤を注入した土台

杉の集成材の土台

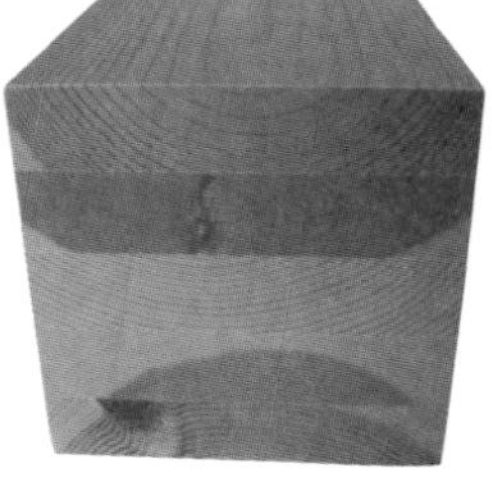

パインの集成材のつくり方

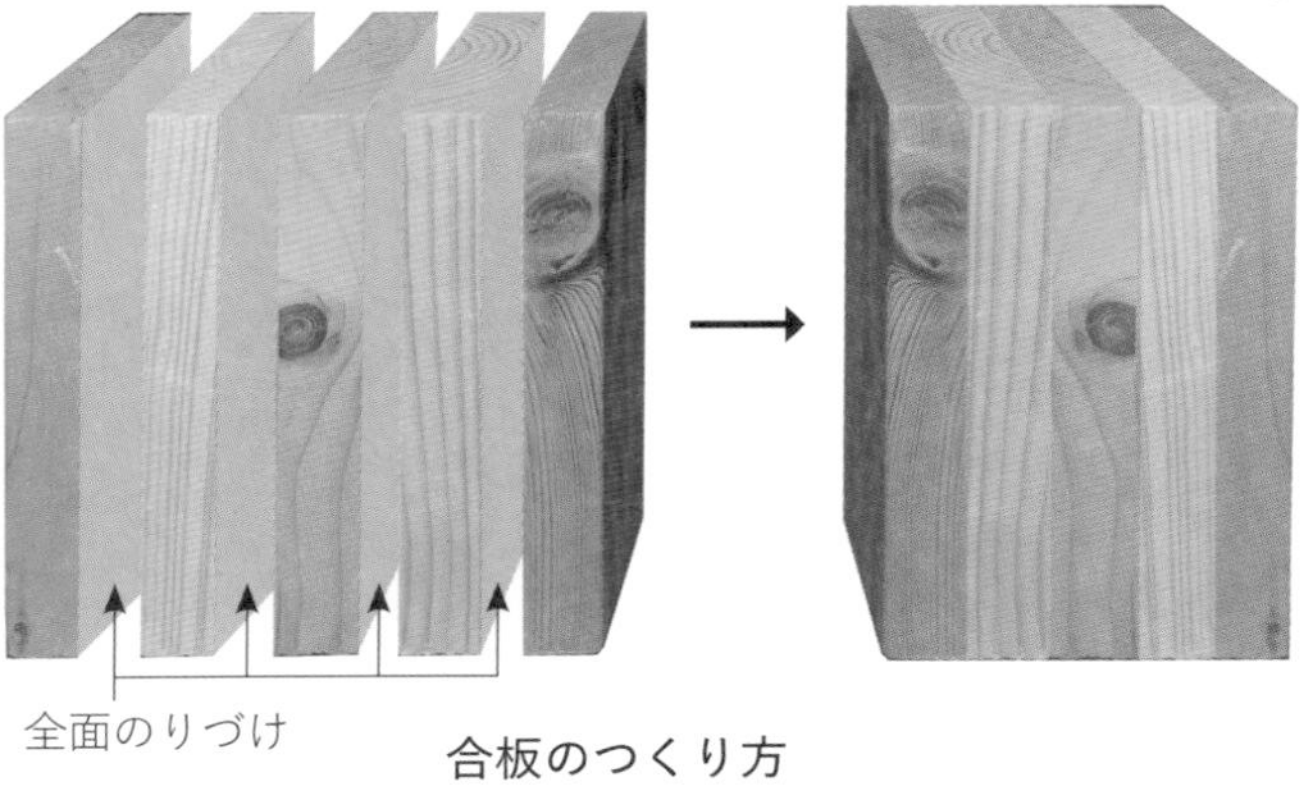

合板のつくり方

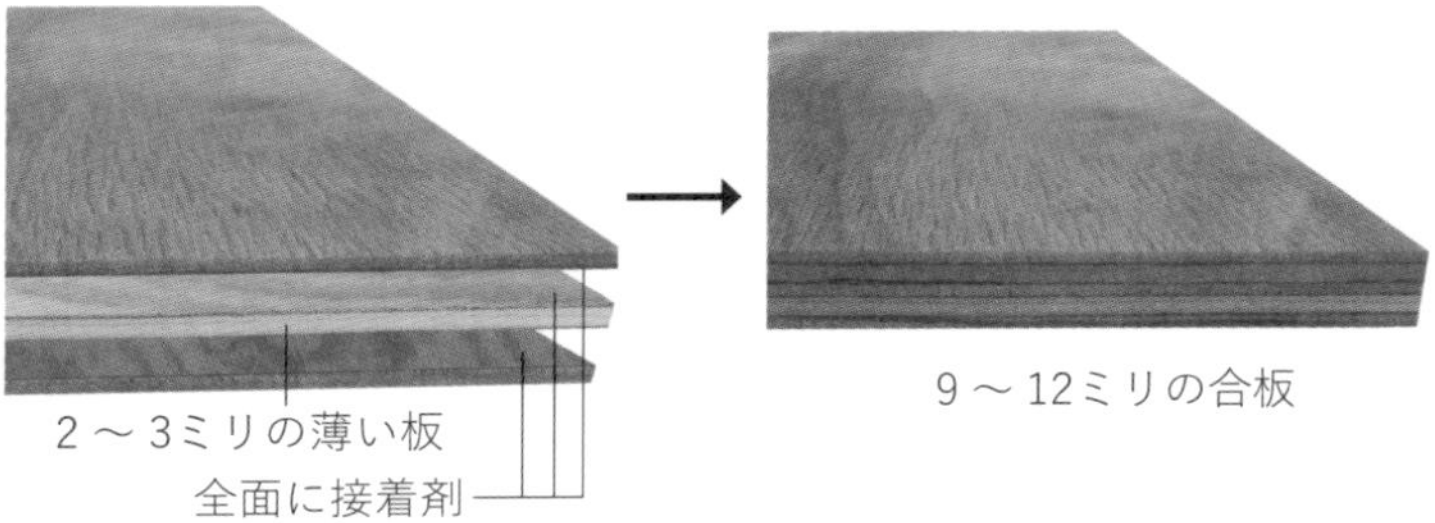

壁材

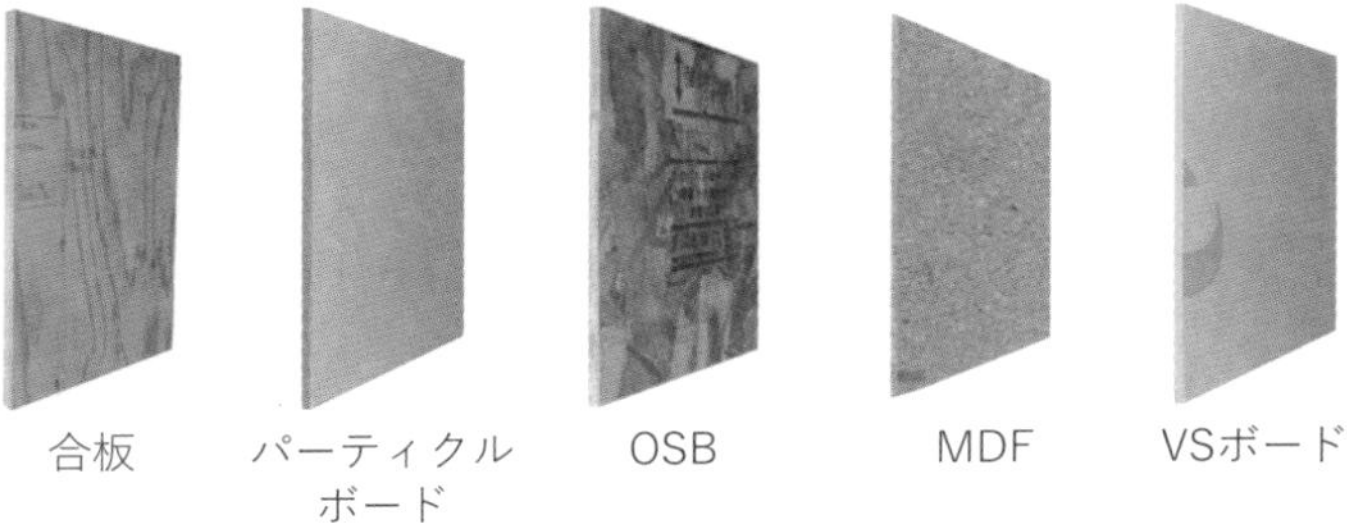

パインの集成材の弱さ

ある日、私のところに来られたその方は、いきなり「本物のヒノキで建ててもらえないか」と言われました。こんなふうな本題への入り方は、異例です。話をうかがっていくと、すでに建設途中の住宅があり、それがトラブルに見舞われていることがわかります。

2年前に、ある住宅メーカーと「本物のヒノキ」つまり「無垢のヒノキ」で住宅を建てる契約をしました。ところが、上棟して柱や梁を見たら、集成材の「張りもの」だった。驚いた建主は、工事を中止して、「無垢のヒノキ」で建て直すよう頼みました。

その会社は、「そんなことは聞いていない」とか、「無垢の木も一部使っているから、それはできない」とか言って首を縦に振りません。弁護士を入れて交渉を続けます。2年間が虚しく過ぎて、やっとそのメーカーに引き上げてもらうことになる。それで、私のところを探しあて、訪ねてこられたのでした。

「現場を見てほしい」ということで、現場に行きましたが、そのとき撮った写真があるのでお見せします。柱、梁はすっかり黒くなっています。それを除けば、しっかり建っているように見えましたが、すべてが集成材なので、接着剤の筋がよく見えます。

集成材の構造　接着剤の筋

腐ったホゾ　　無垢の木

私の会社と契約している解体業者に解体を依頼します。業者はひと目見て、「人が乗ったら梁が落ちそうだな」と言いました。実際、怪我はしなかったのですが、解体工事中に人が落ちたようでした。

そうやって解体した柱や梁をトラックに積み、捨てに行くのですが、出発寸前、あまりの腐りに驚いてこれらの写真を撮りました。

間近に撮った写真をご覧ください。ホゾ（2つの材を接合するために一方の材につくられる突起）が溶けて見えません。接着部分は、糊が剥がれて木がバラバラです。ふつう、2年間雨ざらしになっても、これほどボロボロにはなりません。

腐った集成材の柱の右に写っている無垢の木はなんともありません。調べると米松《べいまつ》でした。これが「一部分には使っている」と建設業者が主張したものなのでしょう。

今の日本で、「木造」といえば「北欧のパインの集成材」の柱や梁でできた家です。

パインというのは、ご存じのように松の木です。地球上には何十種類もあります。北欧のパインは、木の質が軟らかく軽いのが特徴です。

レッドウッドとホワイトウッドがありますが、強度に変わりはありません。北欧のパインは、年輪が密でも、年輪と年輪の間の木そのものの材質が弱いのです。

解体写真でしっかりしたまま残っていた無垢の米松は、年輪が太く赤味を持っていて、そこに油が集まっていて強いのです。米松は北米の木で、世界的な建築家であるフランク・ロイド・ライトが好んだ木です。

フランク・ロイド・ライトの建築といえば、一部が明治村に移築された帝国ホテルでしょうが、今も現役で使われている建物があります。自由学園の校舎です。

超一流の建築家に設計を依頼する見識の高さ、人間力には驚かされます。100年たっても、建てられたときの美しい姿を維持している明日館《みょうにちかん》は、国の重要文化財となっています。この自由学園を創立した羽仁《はに》もと子氏は、月刊誌「婦人之友」も創刊しました。

私は縁あって、「婦人之友」に「住まいを考える」という連載を30年以上も書かせていただきました。平成元年に第1回を書いて以来、毎月テーマを変えて書きつづけ、360回以上になりました。それをまとめたものが、はじめてカンザキの考えを世に問うた、ダイヤモンド社刊『いい家は無垢《むく》の木と漆喰《しっくい》で建てる』です。100年の伝統のある「婦人之友」に執筆していなければ、今の私はなかったかもしれません。

前にヒノキの小片を「小さな巨人」と形容しましたが、これは婦人之友社の担当である渡邊閑《わたなべしずか》さんの名言をお借りしたものです。

北欧のパインの集成材が腐りやすいのは、なぜか。集成材メーカーからのデータを見て、理由がわかりました。木を人工的に乾燥させすぎているのです。建築の専門家は、これを知らないし、気にもしていません。

データによると、130度の蒸気で10日以上、木を徹底的に乾燥させます。膨大な石油、石炭、原子力エネルギーを使って。そうすると何ができあがるのか。人間でいうと、カサカサ状態です。木が死んでいるのです。いつ腐ってもおかしくない。

接着に使った大量の石油系接着剤は、30年〜40年もったらいいほうでしょう。木そのものは、**どんな木でも、伐り倒してから自然に乾燥させれば、300年から500年はもちます。ヒノキなら1000年以上です。**

F☆☆☆☆（エフフォースター）の価値

接着建材は、化学薬品成分を含んでいます。毒性のある成分もあります。その危険性をようやく認識した国は、建材が含む化学薬品の成分量に規制を加えます。基準内にあると認定した建材にはフォースターが与えられ、4つの星は安全を保証していま

鉄板	合板・ベニヤ	パインの集成材
鉄骨・鉄筋住宅に使う鉄の柱や梁の一部	ツーバイフォー住宅を中心にあらゆる建物に使われている。薄い板全体に接着剤を塗り、タテヨコ交互に張り合わせたもの	北欧から輸入したパインを２～３センチの木片にし、接着剤を塗り、張り合わせたもの

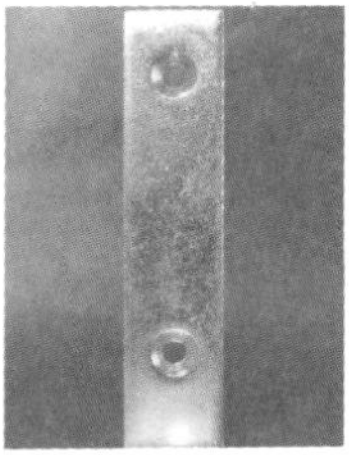		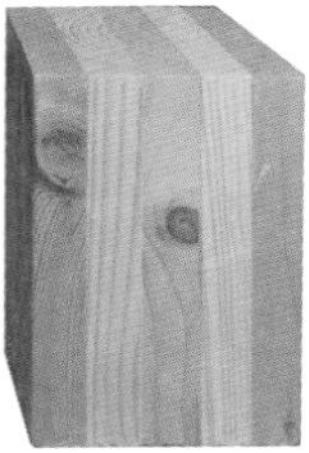

す。

国が安全と認定した建材で、カビ発生実験をしました。建材を使っている現場の写真と、建材の写真。そして建材とパンを入れたビンの中の写真です。ご覧のとおりです。鉄板、合板、集成材。１カ月もすると、どのパンにもものすごいカビ。安全とは言っているけれど、カビを殺す力がない。

これでは、家の中はいつもカビ菌に襲われる危険性があります。部屋自体がカビ菌でいっぱいなので、人間そのものの免疫力で闘っていかなくてはならない。**今の家に住む人の過半数がアレルギー、アトピーになっていると言われているのは、建材に問題があると考えられます。**

無垢の木を適材適所で生かす健康住宅

科学に基づく理想的な家づくり

建築物という家の中、部屋の中に住む人にとって、何が大切か。命と健康です。その人間の命を守ってくれる理想の建材が木です。

どうして木がよいのか。木は呼吸しています。呼吸によって、室内の空気を調湿します。夏の部屋の湿気を木が吸って湿度を下げ、冬は乾燥をやわらげます。木の中に入った空気は、出るときに、木の香りとともにアロマ「揮発性芳香物質」を出し、免疫力を高めてくれます。

東京大学大学院農学生命科学研究科の恒次祐子《つねつぐゆうこ》氏は、林野庁発刊の冊子で述べています。

「木材あるいは木造建築物には、人のストレスを少なくする、疲れにくくするなど、生理的な効果、身体的な効果があることが科学的に明らかになってきました。

室内の壁、床、天井に無垢の木材を使うと、木材の吸放湿作用が室内の空間の湿度を一定に保ちます。それによって、過ごしやすい環境づくりが可能になります。

また湿度を保つことでハウスダストの原因となるダニや細菌の生存がしにくい環境にもなります」

重要なことは、恒次氏が実証した次の2点です。

1　ヒノキの匂い成分が、人の免疫細胞のはたらきを上昇させた

2　内装に木材を使うと「快適」など好印象を与える

私が追求したいのは、こういった科学に基づく理想的な建築です。

どこに何の木を使うか

呼吸する木でつくられた部屋は、生命体のように呼吸しています。どこに何の木を使うか。それを考えるのは、建てるわれわれにとって、とても楽しい工夫です。でも、それではもったいない。暮らすことになるお客さまも、いっしょに楽しんでもらいたい。そうすれば、とても住み心地のよい家になるでしょう。

健康によい木はヒノキ、青森ひばです。硬い木ならタモやチークがある。クリも硬い木です。人にやさしい軟らかい木なら杉です。忘れてならないのは桐です。桐はタンスや下駄にするだけの木ではありません。

美しい無垢の木の姿と、施工例をご紹介します。

ドア枠、窓枠、幅木、廻《まわ》り縁《ぶち》には、ヒノキ、青森ひばを使う。健康によいからです。廻り縁は天井の隅、壁との境につけますが、壁、天井の素材が同じ場合はつけないことが多いのです。クローク、物入れ、下駄箱などは、すべて杉の羽目板にしたい。内部の湿気は、杉や桐が吸収してくれます。

トイレは、腰板に青森ひば。壁、天井は漆喰。こうすれば快適なトイレになります。脱臭力のすごさは、科学的に解明されている素晴らしさなのです。

部屋の壁、納戸の壁、天井は漆喰。居間、寝室、勉強部屋、書斎の壁に、お好みで木材を選ばれるときには、ヒノキや青森ひばを使用するのもよいでしょう。部屋の臭さを消し、香り高く、気持ちをリラックスさせてくれます。しかも殺菌力があります。

浴室の壁、天井に青森ひばを張ると、ヒノキの浴槽でもないのに、まるでヒノキ風呂のようです。これこそ天然浴。

床も、もちろん無垢です。フローリングはタモ無垢、厚み15ミリを標準として使っています。そのほかにも、多くの無垢フローリング材に幅広く対応しています。木肌が選べるので、好みの部屋がつくれます。チーク、カリン、タモ、ナラ、ケヤキ、ウォールナット、クリ、カバザクラなどがあります。

さらに、目立たないところ、見えないところにも本物のヒノキを使います。家には多くの下地が必要です。階段、廊下、玄関の上がり框《がまち》の横などに付ける手すり。大きな絵画の壁かけのフック、カーテンレールボックス、タオル掛けや家具の取り付けなどにも。

見えない下地板には、ヒノキの3センチ厚の板と、ヒノキの12ミリ厚の板とを使い分けます。ヒノキは粘りが強く、耐久性は1000年。世界一の木です。それを下地に惜しみなく使う。

暮らしていくほどに、こういった配慮、選択が効いてくるのです。

ヒノキという木は、はじめ、ネジが入りやすく作業しやすいのですが、強度は時間の経過とともに、100年、200年と強くなりつづけ、ネジを締めつけていきます。

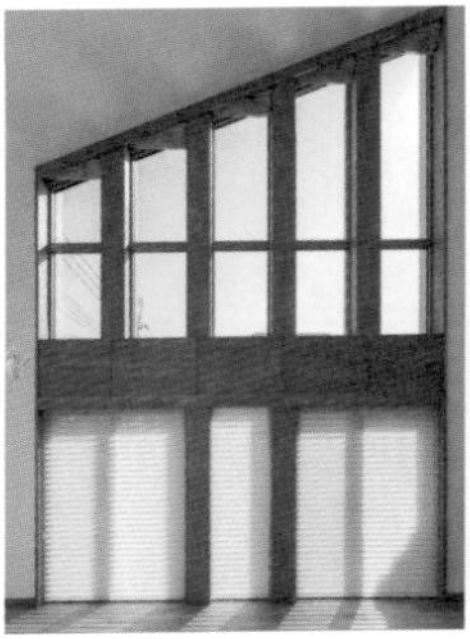

窓枠／タモ無垢

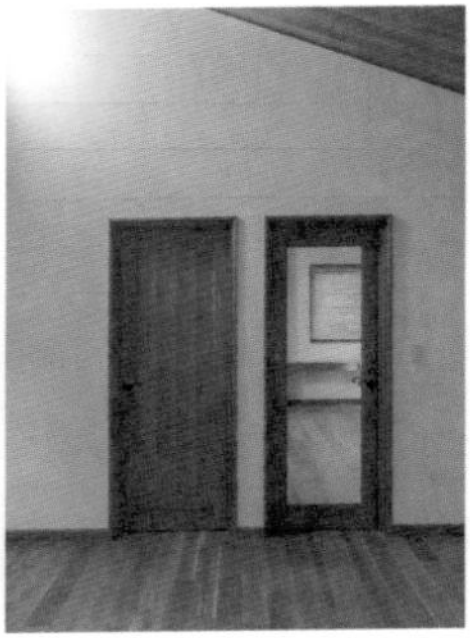

ドア枠／タモ無垢

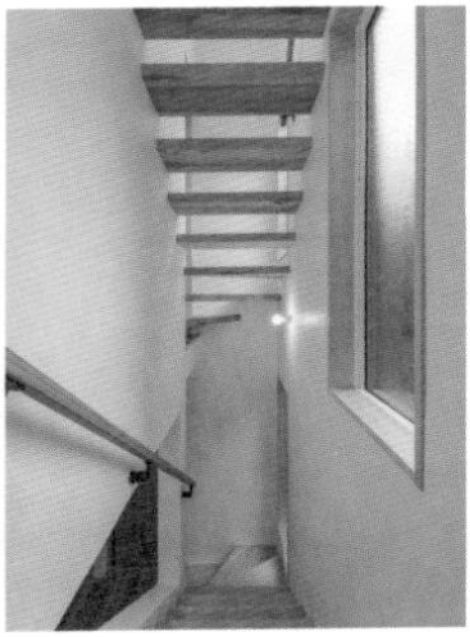

窓枠／ヒノキ無垢

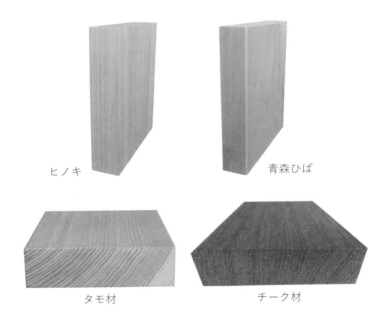

ヒノキ

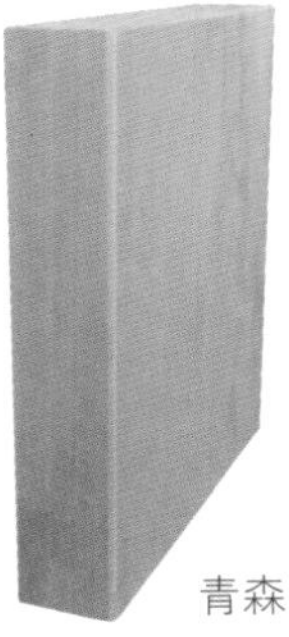

青森ひば

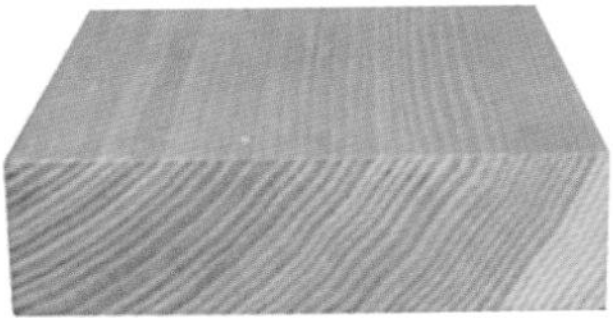

タモ材

チーク材

下地板の使い方

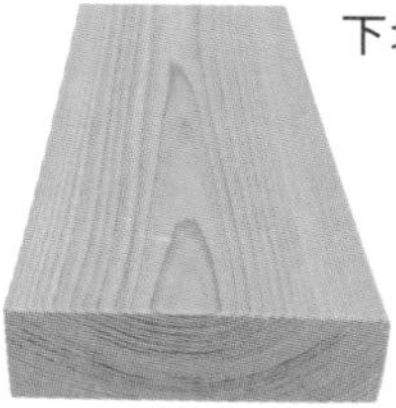

ヒノキの３センチ板

ヒノキの12ミリ板

下地材はすべてヒノキ。
何年経ってもガタがこない

見えない部分にもカンザキの
こだわりがたくさんあります

ボード継目

階段の手すり

絵画用重い額かけ

カーテンボックス

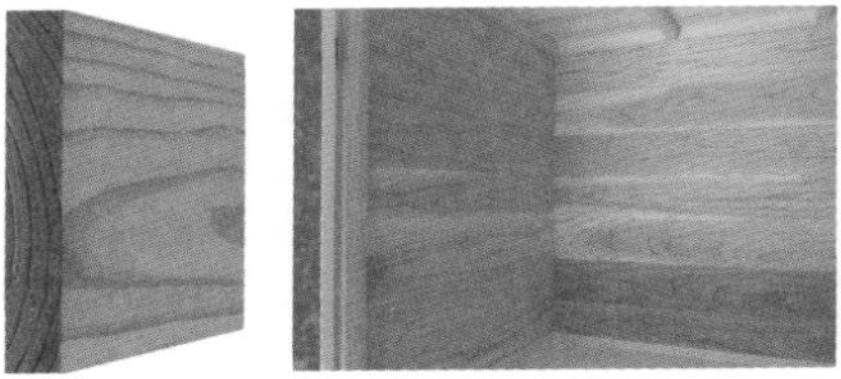

クロークの杉板（12ミリ）

桐の板

漆喰壁

靴入れの杉の羽目板

天井が青森ひばの居間

青森ひばの天井と壁の浴室。リラックス効果の高いバスルーム

腰板が青森ひばの洗面脱衣所

私が、まず第一にお客さまや各職人の方々に教えられ、同時に、素晴らしい文化遺産としての建築物をたくさん見て学んできたことは、すでに述べたとおりです。そして、たどり着いたところが、科学的な合理性をもった最高の建築としての「住まい」です。

ヒノキの小片といっしょに、ガラスビンの中で並んでいた、あの出来たてのパンのように、この「住まい」での暮らしは、いつまでも快適なものでしょう。

いくらで建つのか、環境にも配慮したい

しっかりした土台、太い柱。二重に交差させた分厚い筋交《すじか》い。ヒノキ、青森ひば、杉などの無垢の木を、ふんだんに使って家が組み上がっていく現場を見ると、たしかにいいことはわかる。そこで心配になるのがお値段でしょう。

材料費は、住宅メーカーの3～5倍かかっています。だからといって、3～5倍という恐ろしい値段にはならない。そうして建てて、住宅メーカーの見積もりの2～3割アップでおさまります、と2019年まではそう説明していました。

2020年、新型コロナウイルスの流行により多くの工場が封鎖され、半導体の機

器関係の出荷が遅れることで価格も上がりました。２０２１年はロシア・ウクライナ危機、ウッドショックが起こり、追い打ちをかけるように円安などもあり、建築資材、とくに輸入材が高騰《こうとう》しました。侵略戦争によるエネルギーの高騰は石油化学製品に直結しています。カンザキ建設は合板、ビニールクロス、塩ビの枠材、発砲スチロール系の断熱材などの石油化学製品をできるだけ使わない仕様の結果、この文章を書いている２０２２年、住宅展示場を構えているメーカーの見積りの１～２割程度のアップでおさまるように段々となってきました。

カンザキ建設は構造材（柱、梁、土台）、羽《は》柄材《がらざい》（間柱、筋交い、根太、大引き、ラス板、すべて無垢ヒノキ）および造作材《ぞうさくざい》（窓枠、ドア枠、幅木すべて無垢ヒノキ）の樹種および寸法の一本化による効率化を図っております。大切な構造はほとんど変わっておらず、時代に流されることはありません。無垢の床材や枠材など現場で余る材料が再利用できるため、資源の無駄を減らすことができます。

もうひとつ、カンザキ建設の室内の壁と天井は基本的にすべて漆喰左官です。職人は暇、遊び（仕事がない）を当然嫌います。継続的に仕事があってこそ安定した価格になり、仕事量が増えると当然、技量も向上し、後継者への技術の継承も確保されます。

漆喰の材料そのものも定期的に多く仕入れることで、漆喰の費用を抑えることができております（漆喰は不燃材ですので、キッチンの天井など防火性能のあるクロスをわざわざ選定しなくてよいのです）。

自然素材のヒノキや青森ひばの土台を選定した家づくりに徹底的に拘《こだわ》っていくことは、住む方の健康だけではなく、環境問題にもつながります。自然乾燥で建てた無垢の家は長く住むことができます。１００年も２００年も。繰り返しになりますが、それは歴史が教えてくれております。この工法は次の住まい手に何代も引き継がれていきます。それは環境にやさしい建物を建築したことになります。解体する際に発生するCO_2の削減にもなるのです。

人生はチャレンジです。これからも一棟でも多く、本物の価値がわかる方と自然乾燥の無垢の木と漆喰の家を、できるだけ価格を抑えて建築していきたいと思います。

第2章

耐久力のある家

——つぶれない、壊れない、腐らない

家の強さを決めるのは木の質と量

柱は無垢のヒノキ4寸角

日本人として建物の強さを考えるとき、何を考えるのか。

台風、竜巻《たつまき》といった風に対する力が、建物の強さだ。そう考えるところもあるでしょう。台風の通り道となっているところでは、強風に対処したつくりをしています。頑丈な石垣で家を囲み、低い屋根の瓦《かわら》をしっかり漆喰《しっくい》で固めた沖縄地方の家。

大量の書籍を蔵した本棚とか、重量のあるピアノとか、重いものを置いたときに、その重さに十分耐えられるか。これが求められる建物の強さだという方もあるでしょう。

しかし、一般的には、第一に考えるのは地震に対する強さです。

家の強度は、建築専門家の世界ですが、意外と間違いもあるものです。とくに、木のような生き物は、生きている状態と死んだものでは、強度が違います。こういうことを言う建築家は、ほとんどいないし、構造計算をする構造の専門家も関心がなく、詳しいことを知りません。

木の強度と関係しているのは、樹脂《じゅし》です。木を伐《き》ると、その切り口から樹脂が滲《にじ》み出てきて、傷を治《なお》そうとします。この樹脂、ヒノキなら精油《せいゆ》成分が、しなやかな粘り強さのもとなのです。

樹脂をすべて抜きとってしまう高温の人工乾燥の木ではだめで、自然乾燥の木を使うのは、このためです。**自然乾燥の柱には、必ず背割れがあります。**柱を乾燥させるとき、収縮による変形を防ぎ、乾燥が進むように施《ほどこ》すものです。人工乾燥の柱にはありません。背割れがあるのは、自然乾燥のしるし。

自然乾燥の樹脂は、数十年、数百年とだんだん滲み出してきて硬くなり、木の中身を締めていきます。伐られた後も生きているといわれるのは、このことを示しています。

山に生えている状態では、樹木の含水率は１５０～２００パーセント。産地では伐採、製材後、屋外で数ヵ月の間、桟積《さんづ》みして空気に触れさせます。その後、再度製材して出荷しますが、カンザキではさらに半年くらい倉庫で保管し、含水率20パーセントくらいまで自然乾燥させます。

こうして、水分が抜けて油分が多く残った木材は、しなやかに粘り強く、地震の揺

カンザキの標準仕様　柱、土台、壁

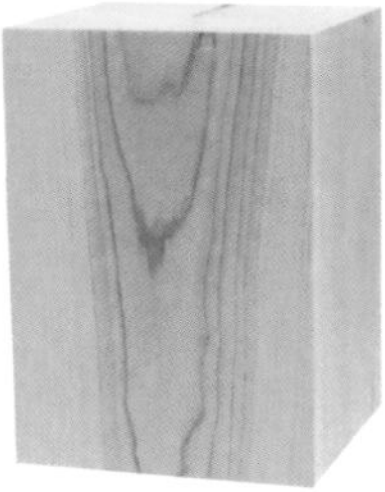

ヒノキ４寸角柱（12センチ×12センチ）
粘り強く、腐りやシロアリに強い

土台青森ひば４寸角
腐りに強く、シロアリを寄せつけない

ヒノキのダブル筋交い

建設中の構造　柱と土台

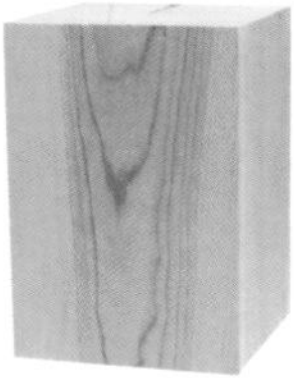

柱

土台

れを分散して逃します。カンザキの柱は、無垢のヒノキ4寸角です。400年以上もつ柱でしょう。

土台は青森ひば

土台は青森ひば4寸角。日本三大美林のひとつである青森ひばは、国が所有している官材です。出荷される量は、ヒノキの200分の1ほどです。**青森ひばはヒノキチオールをヒノキより多く含んでいて、香り高く、なによりシロアリを寄せつけません。**

一般的に土台に使われているのは、米ツガ、ホワイトウッドで、いずれもシロアリに食べられやすいため、毒性の強い防腐剤、防蟻剤《ぼうぎざい》を注入した加工材です。現場で塗《と》布《ふ》して使用することもあります。保証は5年程度。

青森ひばの耐久性は、平泉《ひらいずみ》の中尊寺《ちゅうそんじ》を見ればわかります。平泉中尊寺は、土台、柱に青森ひばが使われ、900年以上美しい姿を保っています。

グランドピアノを支える根太の秘密

フローリングについては、みなさん大変に気にするのに、その下で支えている木材については、あまり気にしない。一流住宅メーカーの名を信じて、珍妙な「根太《ねだ》レス工法」でつくられていることを知らないでいます。

根太は、床の剛性《ごうせい》を高めて、建物の水平力を増し、耐震性も向上させるものなのです。「根太レス工法」というものは、90センチの間隔に、合板パネルを1枚敷くだけです。これがフローリングを下で支えています。

カンザキの根太工法は、30センチ間隔にヒノキの芯持《しんも》ち材を根太として使用して、その上にヒノキパネルを敷き、フローリングがその上にのります。つまり90センチの間隔を、4本のヒノキの芯持ち材が根太として支えている。補強なしでグランドピアノも書棚も置けるのはそのためです。

根太に使うヒノキの芯持ち材は、間伐材《かんばつざい》です。大きくヒノキを育てるために、日陰にならないようにまわりの木を伐り倒しますが、そのときに出るのが間伐材。それを有効利用すれば、自然のサイクルを助けることになります。

こういった**見えないところに、無垢《むく》の木材をふんだんに使うのが、よい建築になる秘訣**なのです。建設途中の、骨組みの見えるカンザキの現場に入るとよくわかります。圧倒的な質と量の無垢材。いい香りが満ちています。

野地板《のじいた》というのも見えない板。屋根の下地板《したじいた》のことです。一般的な建築では、合板を使用しますが、カンザキでは杉の無垢（自然乾燥）を使います。

屋根は、自然環境の変化に接するところです。日中は太陽の熱で高温になり、夜になれば急激に温度が下がります。昔の農家は、分厚い茅葺《かやぶ》きの屋根をのせて暑さをしのぎましたが、家屋にとって、いちばん過酷な場所です。杉の無垢板は、調湿性があるので、熱に対応します。

ラス板《いた》は、外壁左官の下地に張る板で、ヒノキ（自然乾燥）で統一しています。外壁面は外気の影響を直接受けます。ヒノキは腐りにくく、いつまでもきれいです。外壁全体にヒノキのラス板を張ることで、強度が出ます。

階段の手摺《てすり》、タオル掛け、キッチンの吊戸棚《つりとだな》、額の絵などを取りつけるための下地材は、一般には合板が使われていますが、ここでもヒノキを使います。

合板は湿気に弱く、強度と耐久性に問題があります。また接着剤の臭いが染み出してきます。自然乾燥のヒノキは、年々強くなる性質がありますから、下地板にこれを使えば、取りつけのためのネジや釘《くぎ》を締めつけて、重みがかかったり、引っぱったりする力に対して、何十年も耐えつづけられるのです。

無垢の木は何ヵ月で強度が出るのか調べる

杉とヒノキのグリーン材を調べる

自然乾燥させるには、どのくらいの期間が必要なのか。5年〜10年という人もいます。ケヤキなどの堅木の太い木は、10年くらい放置して、自然に乾燥させるという話も聞きました。しかし、これでは仕事になりません。

あるとき、見学にいらしたお客様から、自然乾燥について聞かれました。「何ヵ月たった杉、ヒノキなら、建築材として使えるのか」そういうお尋《たず》ねです。私は、3ヵ月くらいの自然乾燥で、杉やヒノキは構造材として使えます、と答えました。

私は、科学的な裏づけとして、実験をしてみようと思い立ちます。伐り倒したばかりの木の強度を測定し、その後1ヵ月後、2ヵ月後、3ヵ月後の強度を調べる。時間経過による曲げ強度の変化を知るためです。

杉とヒノキを比較する実験にするために、山から伐り出したばかりの柱用の木を取

ヒノキ材寸法

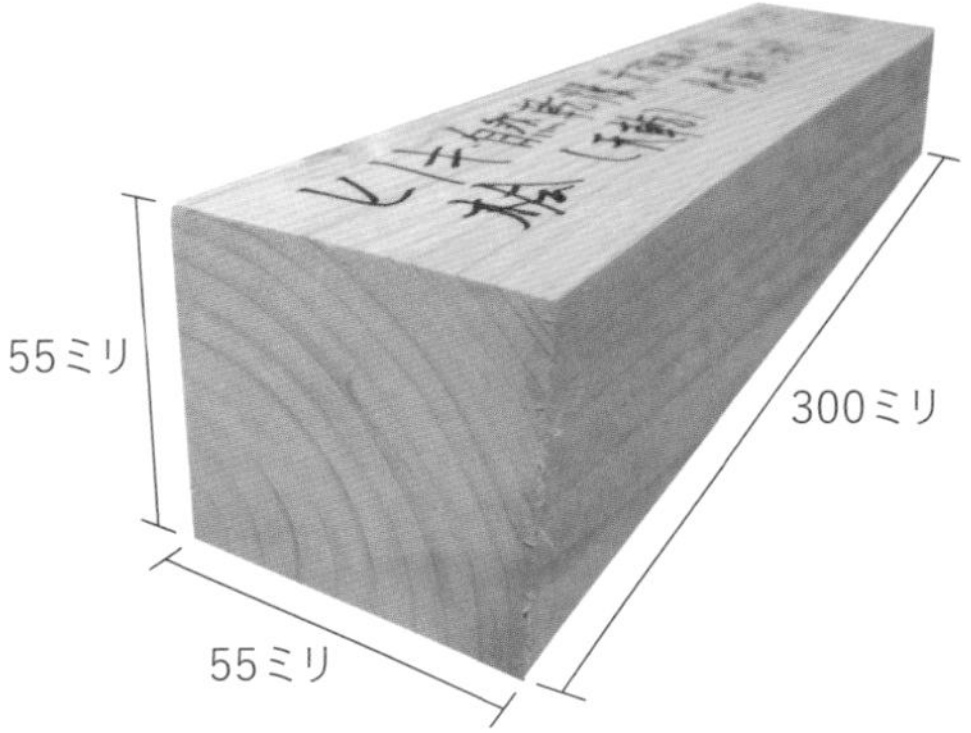

荷重の図解

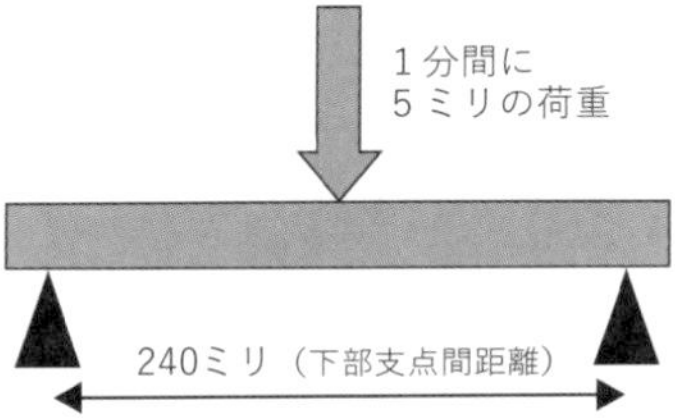

ヒノキの実験台セット

杉の実験台セット

り寄せます。材木屋に柱としての木を注文すると、集成材《しゅうせいざい》か人工乾燥材しか手に入りません。グリーン材といわれる、いわゆる生の木は売っていないのです。

それで、特別に注文します。山から伐り出したばかりの杉、そしてヒノキ。実験用に、55ミリ角で、300ミリの長さをもつ材木にします。それを実験用の機器にかけます。

下部支点間距離は240ミリ。上から1分間に5ミリの荷重をかけ、変位を測定します。1回目の強度試験は、伐り出し直後。試験材として同じ種類の木を3つそろえ、その平均値を出します。

試験日は2019年9月5日。温度22・4℃　湿度42％です。

これが結果です。見てください。

すごい!

なんと、ヒノキは杉より弱いのです。すごい発見です。今まで数多くテストしてきましたが、ヒノキのほうが杉より明らかに強かった。手でもった感じ、ノコで引くとき、ノミで加工するとき、誰もがヒノキのほうが強いと感じるのです。

この実験結果は、大工さんにとって意外でしょうが、私にとっても驚きです。すごい発見でした。思っていたほどの強度が出ない。**伐ったばかりの木は、水分いっぱい**

9月5日杉、ヒノキの実験グラフと数値表

試験日は伐り出した直後の2019年9月5日（温度22.4度：湿度42％）
試験材として、同じ種類の木を３つ揃え、その平均値を出す

杉	（単位MPa）
①杉伐り出し直後_1	37.3348
②杉伐り出し直後_2	34.8248
③杉伐り出し直後_3	36.0541
平均値	36.0712

ヒノキ	（単位MPa）
①ヒノキ伐り出し直後_1	31.1193
②ヒノキ伐り出し直後_2	37.7310
③ヒノキ伐り出し直後_3	33.7943
平均値	34.2149

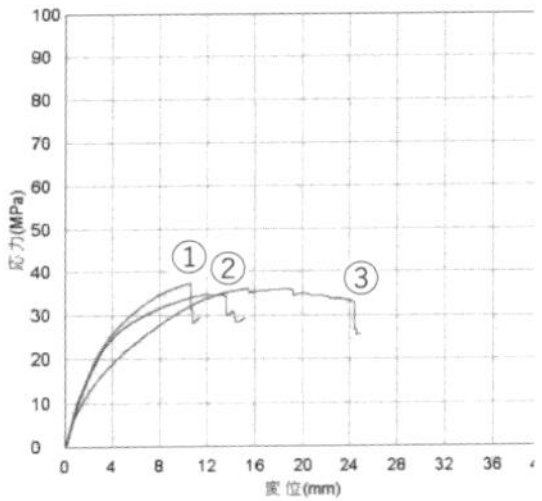

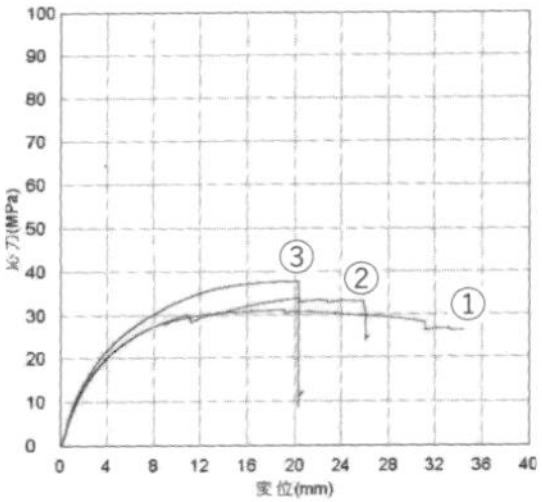

10月18日杉、ヒノキの実験グラフと数値表

２回目の試験　試験日は2019年10月18日（温度24.2度：湿度42％）

杉	（単位MPa）
①杉第2回テスト_1	44.8288
②杉第2回テスト_2	36.9238
③杉第2回テスト_3	42.8954
平均値	41.5493

ヒノキ	（単位MPa）
①ヒノキ第2回テスト_1	55.5386
②ヒノキ第2回テスト_2	48.8190
③ヒノキ第2回テスト_3	53.1544
平均値	52.5040

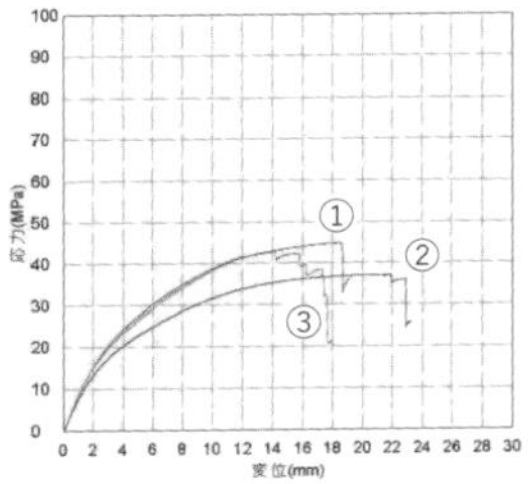

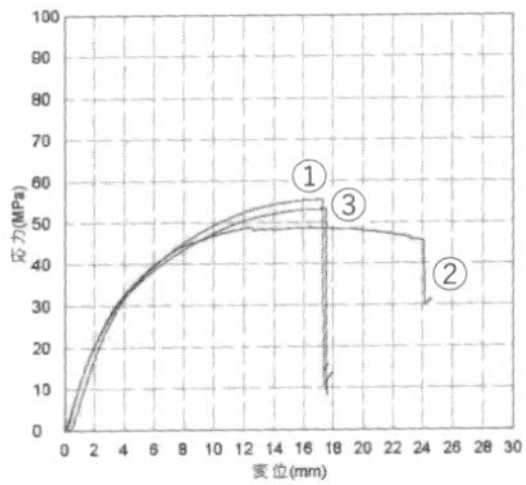

11月8日杉、ヒノキの実験グラフと数値表

3回目の試験　試験日は2019年11月8日（温度22.1度：湿度34％）

杉	（単位MPa）	ヒノキ	（単位MPa）
①杉第3回テスト_1	49.3684	①ヒノキ第3回テスト_1	60.0852
②杉第3回テスト_2	36.1181	②ヒノキ第3回テスト_2	52.2422
③杉第3回テスト_3	46.2235	③ヒノキ第3回テスト_3	51.6893
平均値	43.9033	平均値	54.6722

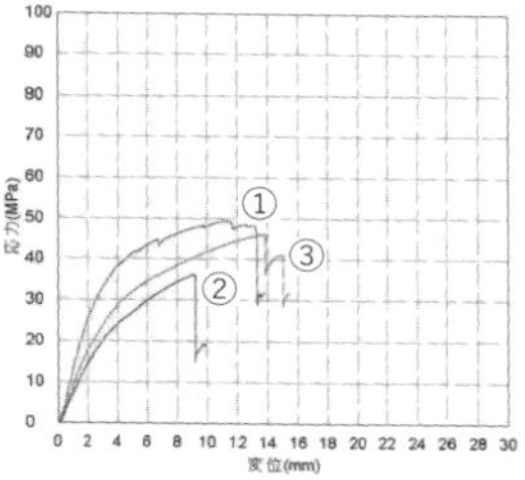

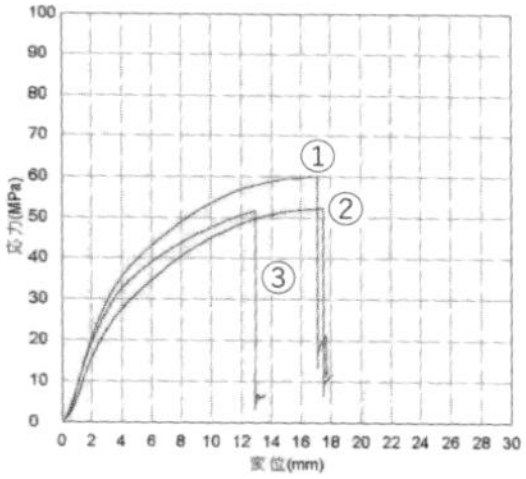

杉、ヒノキの平均値グラフと数値表

もう一度、平均値でまとめてみる

杉	（単位MPa）	ヒノキ	（単位MPa）
第1回平均値	36.0712	第1回平均値	34.2149
第2回平均値	41.5493	第2回平均値	52.5040
第3回平均値	43.9033	第3回平均値	54.6722

杉［平均値］

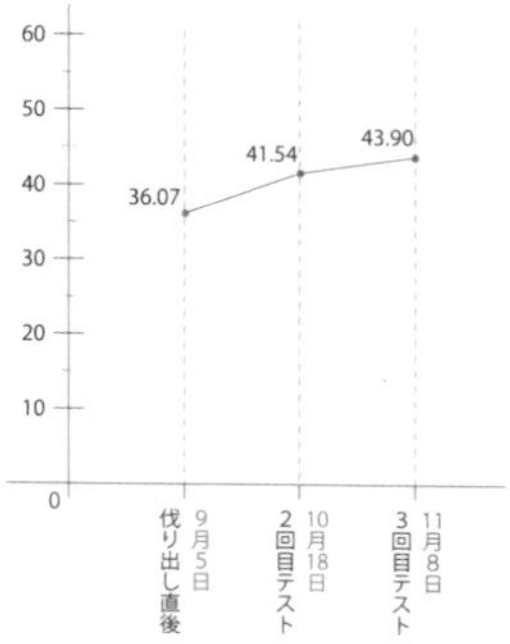

ヒノキ［平均値］

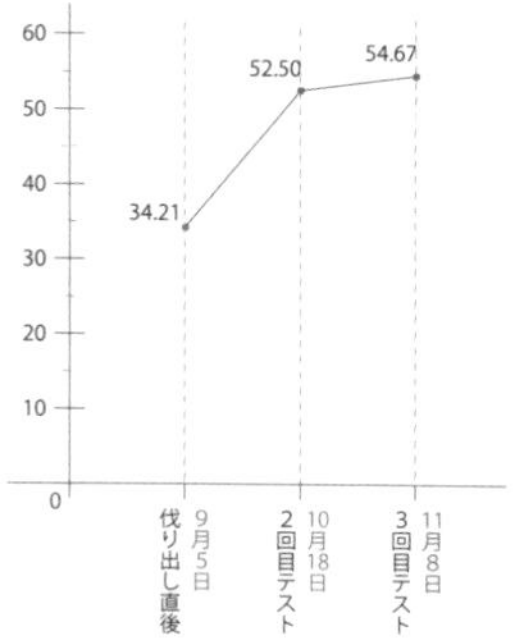

の赤ちゃんなのです。

1ヵ月間自然に放置する

2回目の実験は、1ヵ月後におこないました。2019年10月18日で温度は24・2℃湿度42%。結果のグラフと数値を比べてみます。

かなり数値が上がっています。強度が増している。**自然に放置するだけで、こんなに曲げ強度が強くなる**のがわかります。

2ヵ月後の変化

3回目の実験。試験日は2019年11月8日。温度22・1℃　湿度34%。

結果を見てみましょう。グリーン材から2ヵ月後の変化ほどの大きな変化はありません。しかし、着実に数値が上がっていく感じがあります。

平均値でまとめる

それぞれの変化をグラフ化してみます。

杉とヒノキの特質が表れているのを感じます。柱ヒノキは1ヵ月もすると十分強度が出ます。柱が壁の中に入る、洋間の大壁用の柱としては十分使えます。あとは少しずつ強くなりつづけ、100年、200年と強くなっていきます。

しかし、和室の柱にはどうでしょう。もっと乾燥させてから使いたいと私は思います。化粧柱として壁から出る、真壁《しんかべ》用の柱のヒノキは、半年から1年くらいは乾燥させたい。乾燥するということは縮むことですから、それによって生じる隙間を少なくさせるためです。

伐り倒して葉枯させる写真

ヒノキを乾燥させるときは、最初に枝や葉を残したまま葉枯《はがれ》をさせます。そうして自然の乾燥を進めてから、枝を落として柱にし、倉庫で桟積みして乾燥させます。これがいちばん長持ちします。つまり、強度にも寿命にもよいということを、先人が発見したのです。

数ある耐震壁のどれが強いかテストする

耐震壁とは何か

木造および木質系住宅では、耐震強度は壁強度によって計算されます。耐震強度のための工法は、木造の柱や梁を中心とした軸組《じくぐみ》工法と、ツーバイフォーのパネルを用いた壁構造の工法、大きくはこのふたつに分かれます。

それぞれの工法による耐震強度は、どちらも耐震壁の強弱によって測定します。パネルには、いくつかの種類があって、各住宅メーカーによって異なります。

1　ベニヤ合板パネル――枠に合板を打ちつけたものです。合板は9ミリという薄さです。

2　クロスパネル――杉の無垢板をクロスさせて、パネルにしています。杉板の厚さは9ミリ、幅は5・5センチです。

3　ダイライト——火山性ガラス質複層板で、ＶＳボードとも呼んでいます。同じくダイライトを使った、Ｓ林業とＤ工業の現場で使用しているパネルは、ＪＩＳナンバーが同じ（このパネルは、手で簡単に割れてしまいます。こんな弱い壁材はめずらしく、どうして国がＪＩＳで認可しているか不思議です）。

4　ＯＳＢ（Oriented Strand Board）——カナダから輸入した木くずを接着剤で固めたものです。

5　パーティクルボード——木くずの小片を接着剤で固めたものです。

軸組工法による耐震壁は、カンザキのものをご紹介します。

カンザキは在来の軸組工法です。耐震壁を構成する外側の面はヒノキのラス板で、室内側にヒノキの筋交《すじか》いがはいっています。柱はヒノキ４寸角ですから12センチ×12センチ。ヒノキの筋交いは４・５センチ×10・５センチ。真ん中に立つ間柱《まばしら》もヒノキ。それを支える土台は青森ひば４寸角です。

これらの耐震壁の強度を測定する実験装置があります。装置にセットされた耐震壁は、地震を想定した揺れを加えられ、その負荷《ふか》を次第に高めていきます。どこで耐震

試験場写真

試験方法の詳細及び評価方法

試験方法の詳細

加力の方法

加力は200kN-st1000ハイブリットアクチュエータを使用して、次の手順で行った。

(1) 正負交番繰返し加力とし、繰返し履歴は見かけのせん断変形角が1/450、1/300、1/200、1/150、1/100、1/75、1/50radの正負変形時に行った。

(2) 繰返し加力は同一変形角で正負3回行った。

(3) 最大荷重に達した後、最大荷重の80%の荷重に低下するまで加力するか、見かけのせん断変形角が1/15rad以上に達するまで加力を行った。なお、見かけのせん断変形角1/15radを超えても最大荷重の80%まで荷重が低下しない場合には、見かけのせん断変形角1/15radを終局変形角とし、その荷重を最大荷重とした。

(4) 試験速度は加力時0.5～2mm/sec、減力時1.0～3.0mm/secとし、変形が大きくなるのに伴い速度が大きくなるように調整した。

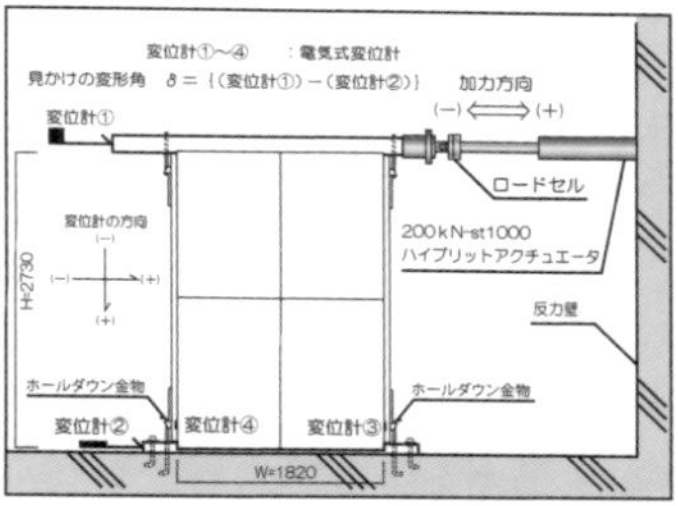

番号	種類	型番
変位計①	DP-500c	407895/407891
変位計②	CDP-50	511975
変位計③	CDP-50	519464
変位計④	CDP-50	511961

変形角	梁水平変位
1/450	6.1mm
1/300	9.1mm
1/200	13.7mm
1/150	18.2mm
1/100	27.3mm
1/75	36.4mm
1/50	54.6mm
1/15	182.0mm

降伏耐力、終局耐力及び構造特性係数の算定方法

降伏耐力Py、終局耐力Pu及び構造特性係数Dsは荷重-変位曲線の包絡線より、次の手順に従って求めた。

(1) 包絡線上の0.1Pmaxと0.4Pmaxを結ぶ直線(第Ⅰ直線)を引く。
(2) 包絡線上の0.4Pmaxと0.9Pmaxを結ぶ直線(第Ⅱ直線)を引く。
(3) 包絡戦に接するまで第Ⅱ直線を平行移動し、これを第Ⅲ直線とする。
(4) 第Ⅰ直線と第Ⅲ直線との交点の荷重を降伏耐力Pyとし、この点からX軸に平行に直線(第Ⅳ直線)を引く。
(δy、Py)
(5) 第Ⅳ直線と包絡戦との交点の変位を降伏変位δyとする。
(6) 原点と(δy、Py)を結ぶ直線(第Ⅴ直線)を初期剛性Kと定める。
(7) 最大荷重後の0.8Pmaxの荷重低下域の包絡線上の変位を終局変位δuとする。
(8) 包絡線とX軸及びδuで囲まれる面積をSとする。
(9) 第Ⅴ直線とδuとX軸及びX軸に平行な直線で囲まれる台形の面積がSと等しくなるようにX軸に平行な第Ⅵ直線引く。

(10) 第Ⅴ直線と第Ⅵ直線との交点の荷重を完全弾塑性モデルの終局耐力Puと定め、その時の変位を完全弾塑性モデルの降伏点変位δvとする。

(11) 塑性率μ＝(δu／δv)とする。
(12) 構造特性係数Dsは、塑性率μを用い、Ds=1/√(2μ-1)とする。

評価方法説明図

壁が機能を失い、破断するのか。それが自動的にグラフ化されていきます。

私は、実際にこの装置で強度を測ってみました。その実験の様子と評価表を次に掲げます。まずはパネルの耐震壁から。

1−① ツーバイフォーのベニヤ合板パネル（ホールダウン金物なし）

柱が土台から引き抜けないように、ボルトで固定するものがホールダウン金物です。最大荷重12・7kNで、耐震壁は土台から浮き上がっています（kN＝キロニュートン、

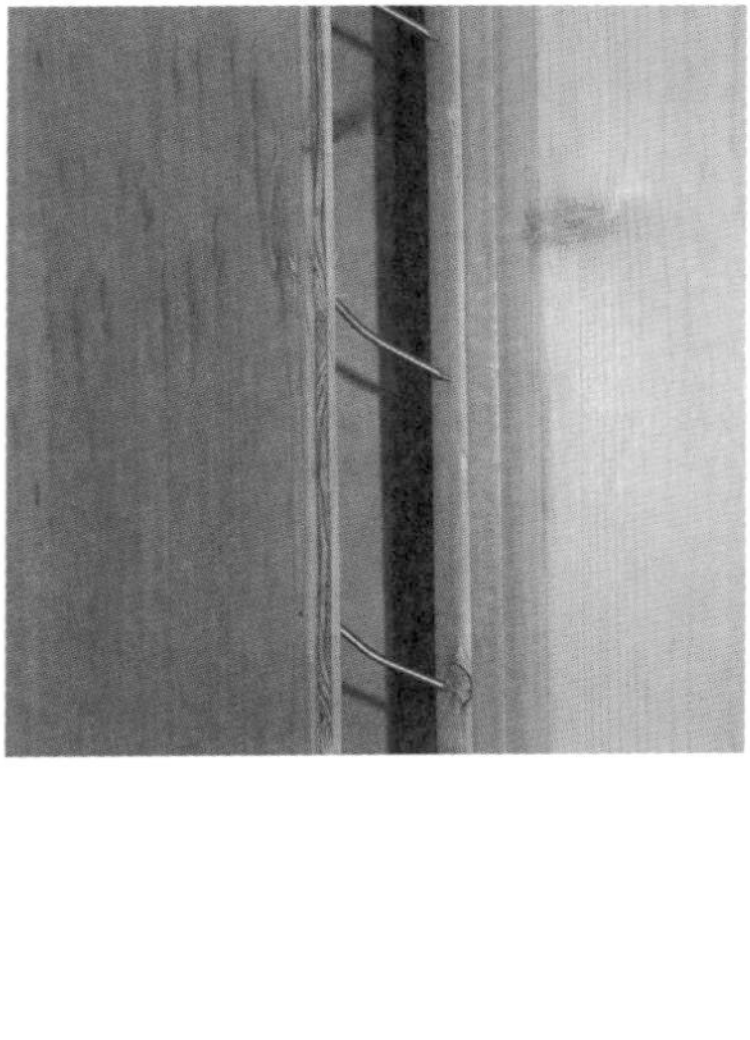

1kNは約100kg)。

表−1 最大荷重・評価耐力

試験体記号	Pmax時		降伏耐力	2/3Pmax	終局耐力	特定変位時荷重
	荷重	変位	Py	荷重	Pu×(0.2/Ds)	1/120rad
	(kN)	(mm)	(kN)	(kN)	(kN)	(kN)
kanzaNo3 2x4	27.2	92.2	14.5	18.1	15.9	16.8

表−2 降伏耐力・終局耐力・構造特性係数

試験体記号	弾性域評価			塑性域評価			
	荷重	変位	初期剛性	終局耐力	降伏点変位	終局変位	塑性率
	Py	δy	K	Pu	δv	δu	μ
	(kN)	(mm)	(kN/mm)	(kN)	(mm)	(mm)	
kanzaNo3 2x4	14.5	16.5	8.8	160.7	27.9	24.6	5.76

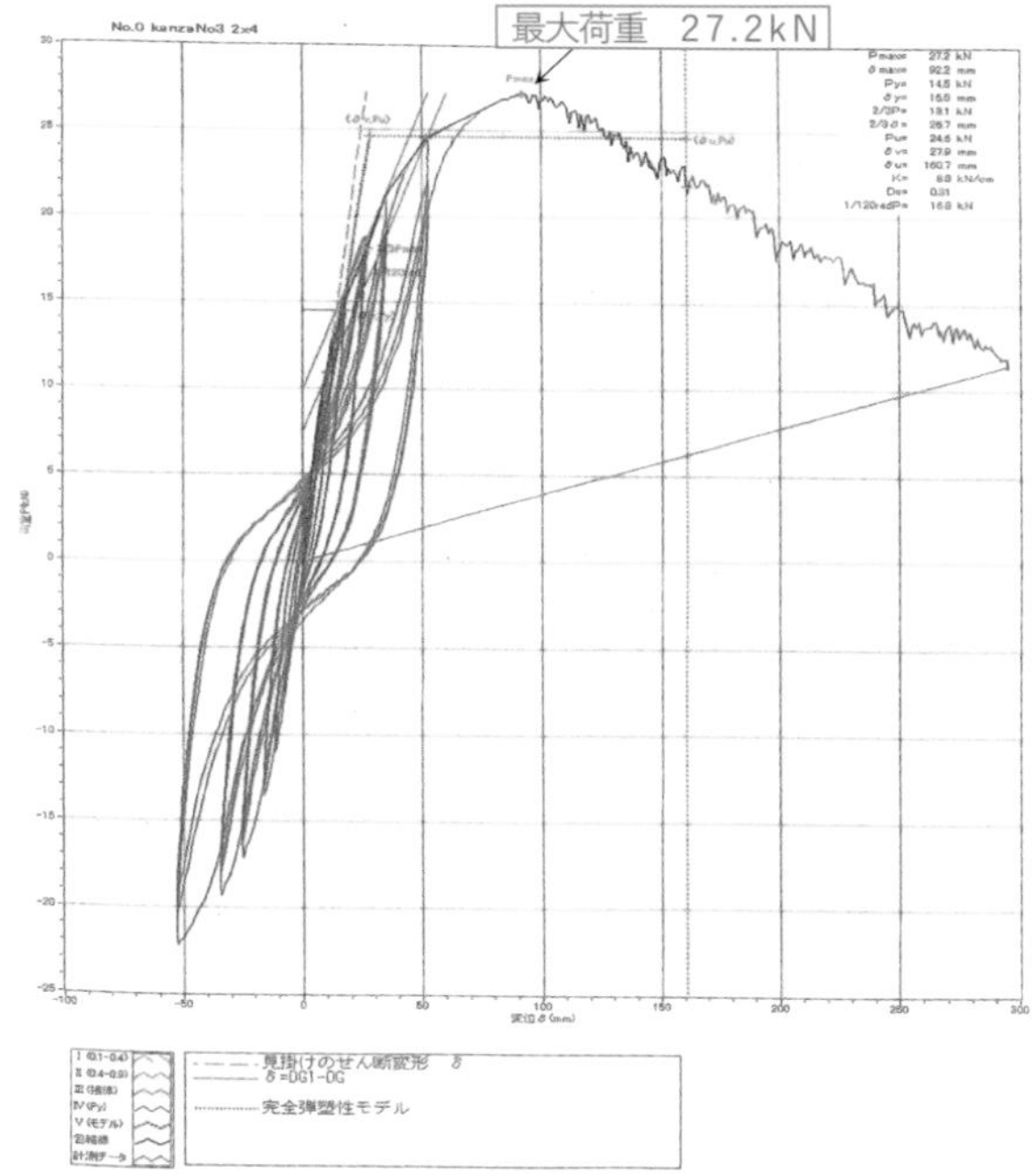

1−② ツーバイフォーのベニヤ合板パネル（ホールダウン金物あり）

最大荷重27・2kNで、枠に打ちつけられた釘が抜けてしまいました。

8ヵ所に規定の釘を打ちこむ

2　杉のクロスパネル

最大荷重17・8kNで、釘が抜けています。無垢の杉板はさすがに木としての力があり、パンチングは起こしていませんが、クロスにすればいいわけではなく、十分な強度が得られていないことがわかりました。

ホールダウンボルトで壁、柱を基礎に留めてある

表―1　最大荷重・評価耐力

試験体記号	Pmax時		降伏耐力	2/3Pmax	終局耐力	特定変位時荷重
	荷重 (kN)	変位 (mm)	Py (kN)	荷　重 (kN)	Pu × (0.2/Ds) (kN)	1/120rad (kN)
kanzaNo5 kizure	17.8	141.3	11.0	11.9	13.0	12.4

表―2　降伏耐力・終局耐力・構造特性係数

試験体記号	弾性域評価			塑性域評価			
	荷重 Py (kN)	変位 δy (mm)	初期剛性 K (kN/mm)	終局耐力 Pu (kN)	降伏点変位 δv (mm)	終局変位 δu (mm)	塑性率 μ
kanzaNo5 kizure	11.0	14.9	7.4	182.0	22.2	16.3	8.20

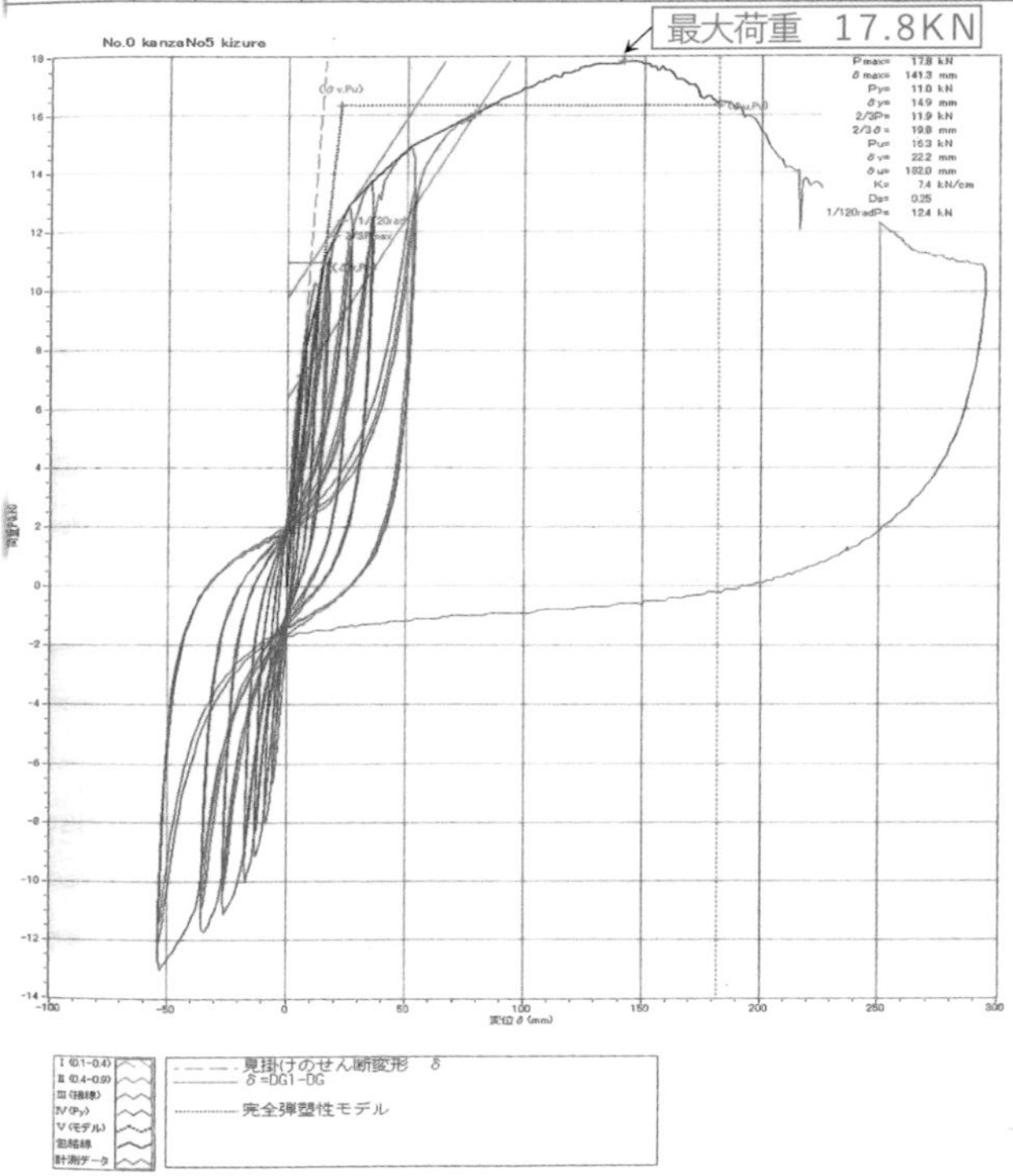

3　ダイライト（9ミリ）

最大荷重12・6kNでパンチング現象を起こしています。パネルを構成するダイライト（VSボード）が弱いため、割れています。釘を引き抜く力もない。釘は試験体を貫通して柱側に残っています。これをパンチング現象と言います。

ホールダウンボルトで壁、柱を基礎に留めてある

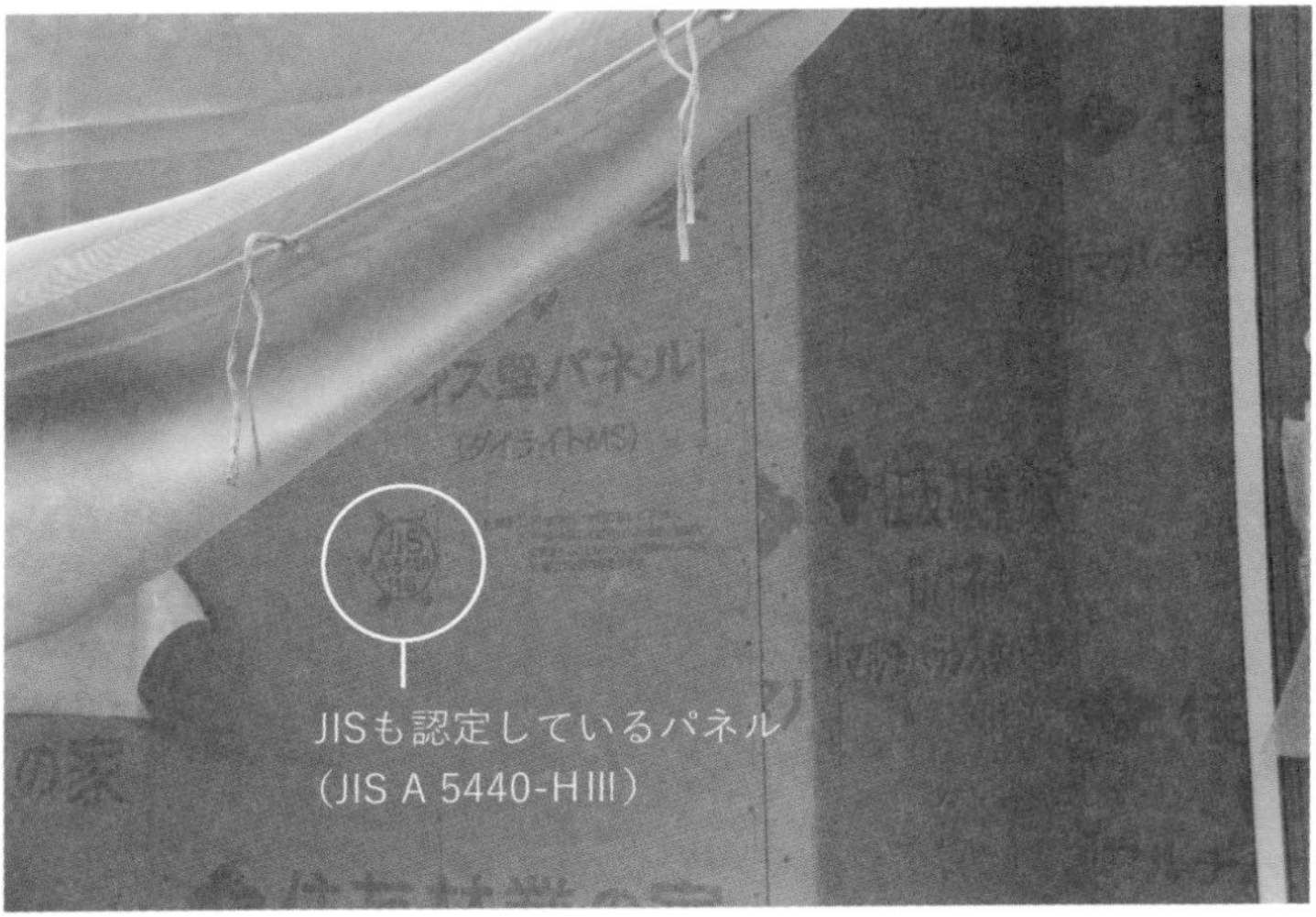
JISも認定しているパネル
（JIS A 5440-HⅢ）

4　ＯＳＢ

最大荷重１８・０ｋＮで、パンチングを起こしています。

5　パーティクルボード

この素材はOSBより硬いのがわかります。最大荷重24・8kNで、柱から釘が抜けています。

パネルはこんな感じでした。「やっぱり弱かった」というのが、私の受けた印象です。

これでは、地震にもちこたえることはできないだろう。

ところが……。

D工業のホームページでは、最も弱い数値を出したダイライトの耐震壁実験が動画で見られます。私のおこなった実験の結果が示しているように、耐震強度が考えられない弱さのパネルでも、3階建ての地震の実験で倒れません。

実際のところ、私にもわかりません。

地震に強い家の条件は、耐震壁だけではありません。平面設計、壁の位置、上下の壁や柱との関係、1階の空間の大きさなど、いくつもの条件をよく検討して、大地震でも倒れない設計をするものです。

カンザキ建設は、震度7以上の大きな地震でも、倒れないことを保証する技術をもっています。それを生かせるかどうかは、お客さまが理解し、協力してくださるかどうかにかかっています。

次に軸組工法の、カンザキの耐震壁をテストします。

1 最初のテストは、和室用の片筋交いの耐震壁です。背面はご覧のようにパネル補強が施されています。

実際の施工時には、和室の真壁の中にヒノキのパネルを組みこむため、耐震実験のセットでも、ホールダウン金物のボルトで、壁、柱を基礎にとめて、壁補強してあります。

テストの結果は、最大荷重50・5kNまで耐えることができました。

横振動の力を加えての最大変位では、実験後の状態を示す写真のように、ヒノキのラス板3枚にひびが入っただけでした。

ラス板の釘も抜けていません。

このヒノキの
ラス板にひび
が入った

表－1　最大荷重・評価耐力

試験体記号	Pmax時		降伏耐力	2/3Pmax	終局耐力	特定変位時荷重
	荷重 (kN)	変位 (mm)	Py (kN)	荷　重 (kN)	Pu×(0.2/Ds) (kN)	1/120rad (kN)
kanzaNo2 spV	50.5	164.2	24.6	33.7	23.3	23.4

表－2　降伏耐力・終局耐力・構造特性係数

試験体記号	弾性域評価			塑性域評価			
	荷重 Py (kN)	変位 δy (mm)	初期剛性 K (kN/mm)	終局耐力 Pu (kN)	降伏点変位 δv (mm)	終局変位 δu (mm)	塑性率 μ
kanzaNo2 spV	24.6	25.9	9.5	182.0	47.8	45.5	3.81

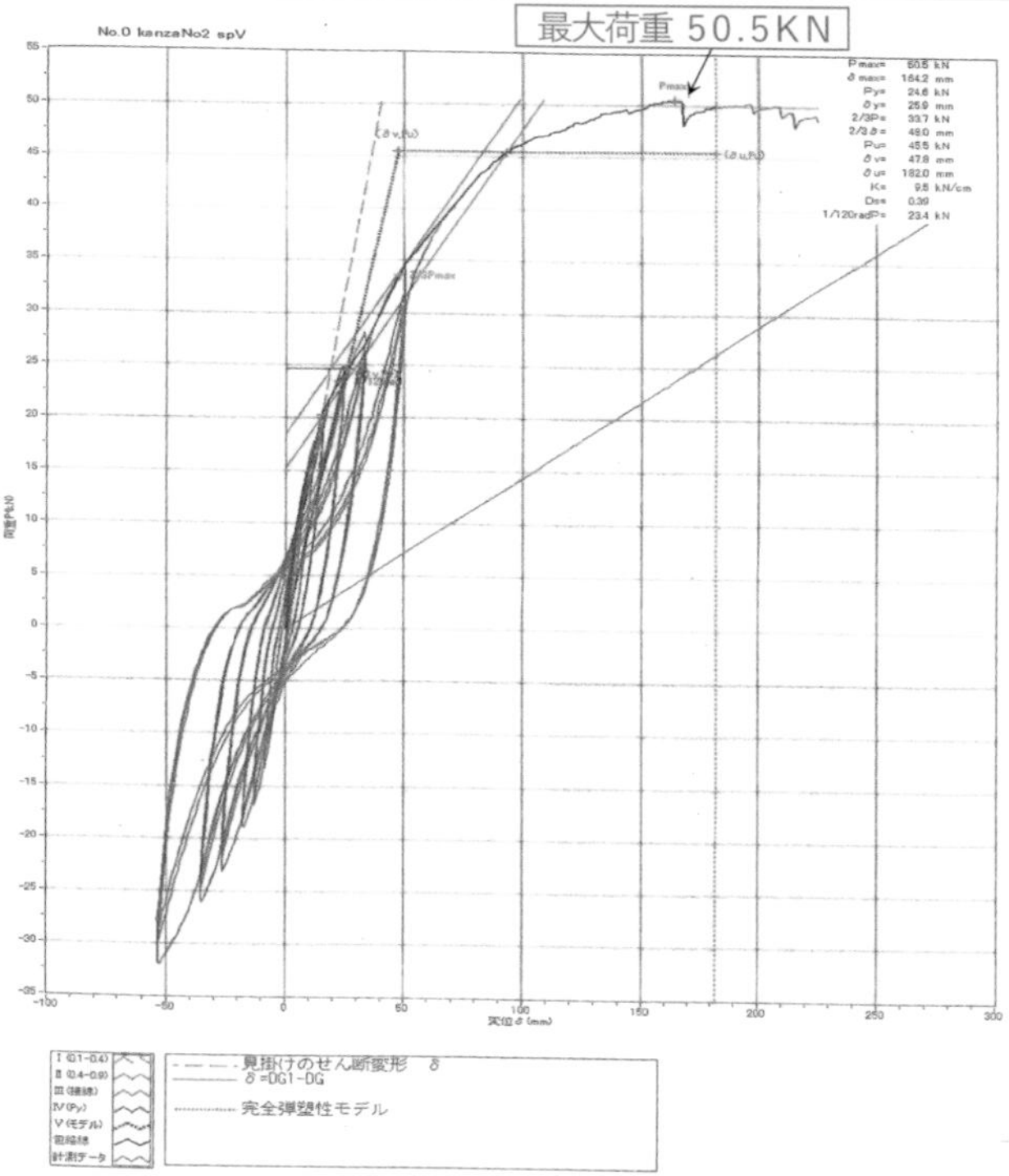

2　次に筋交いダブルクロスの耐震壁でテストします。セット完了時と、実験後の、横振動を加えての最大変位の状態を比べてください。

ホールダウンボルトが抜けています。壁は壊れていません。ラス板は柱から剥がれていない。釘が抜けていないのです。

最大荷重の数値は56・３ｋＮでした。

表－1 最大荷重・評価耐力

試験体記号	Pmax時		降伏耐力	2/3Pmax	終局耐力	特定変位時荷重
	荷重 (kN)	変位 (mm)	Py (kN)	荷　重 (kN)	Pu×(0.2/Ds) (kN)	1/120rad (kN)
kanzaNo7 spX2	56.3	108.5	26.9	37.5	28.9	27.7

表－2 降伏耐力・終局耐力・構造特性係数

試験体記号	弾性域評価			塑性域評価			
	荷重 Py (kN)	変位 δy (mm)	初期剛性 K (kN/mm)	終局耐力 Pu (kN)	降伏点変位 δv (mm)	終局変位 δu (mm)	塑性率 μ
kanzaNo7 spX2	26.9	21.6	12.5	182.0	41.9	52.1	4.34

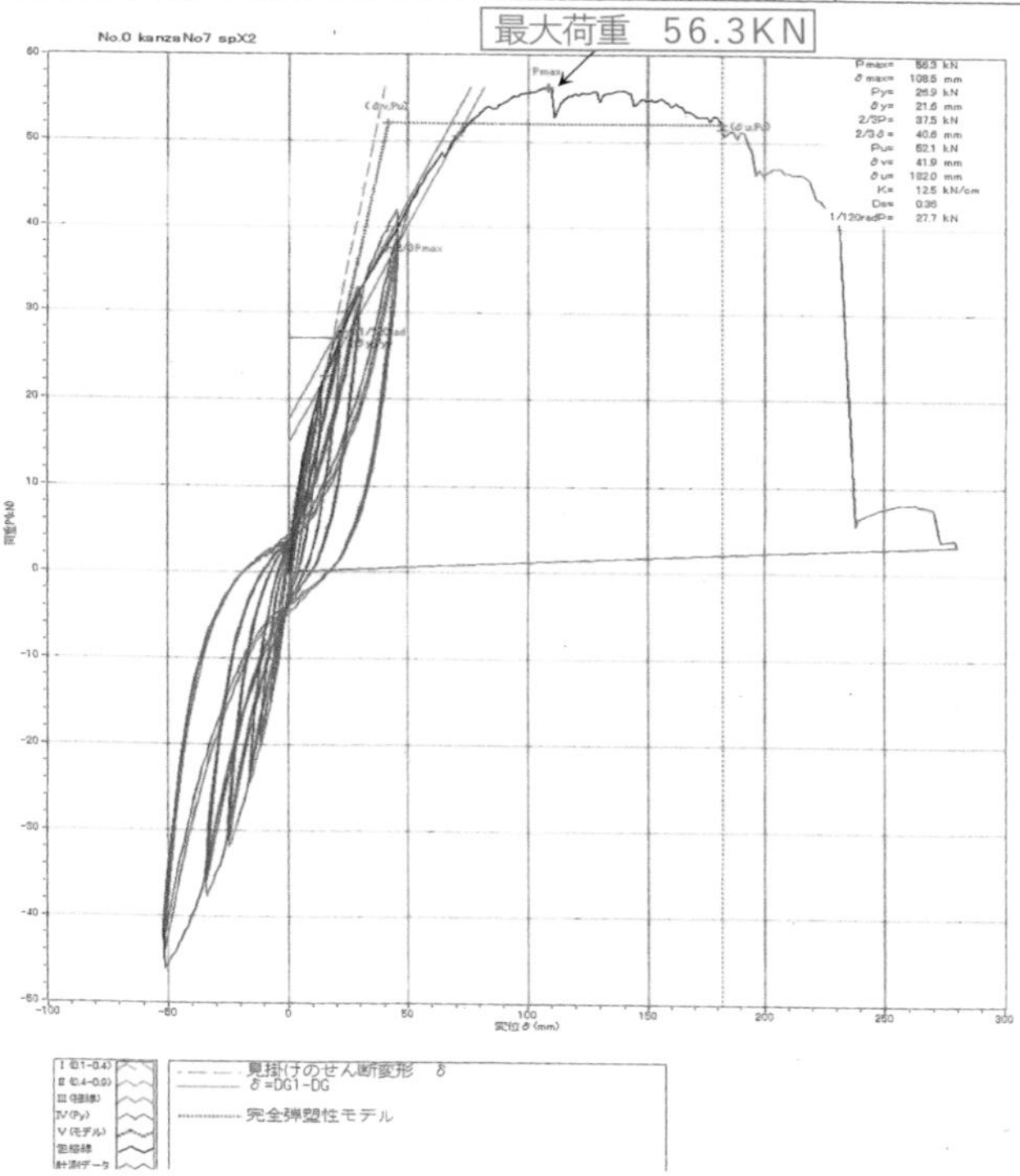

3　別のダブルクロスの耐震壁で再実験します。

セットしている写真では、外側となる面の姿と、筋交いが見える室内側となる面の様子がよくわかります。

実験後の変形は、固定したホールダウン金物にのみ現れました。

横振動を加えたときの、地震に対する最大荷重59・6kNで、16ミリのボルトが破断しました。

ヒノキの筋交いを入れた壁は無傷。

カンザキのダブル筋交いの耐震壁の強度は、測定機器の限界を超えたという結果になりました。

先人が考えたラス板は玉すだれのように隙間を開けて張られています。

地震の横揺れに対して遊びがあり、釘が抜けない柔構造にヒノキの筋交いの剛構造が加わり、ハイブリッドな工法となりました。

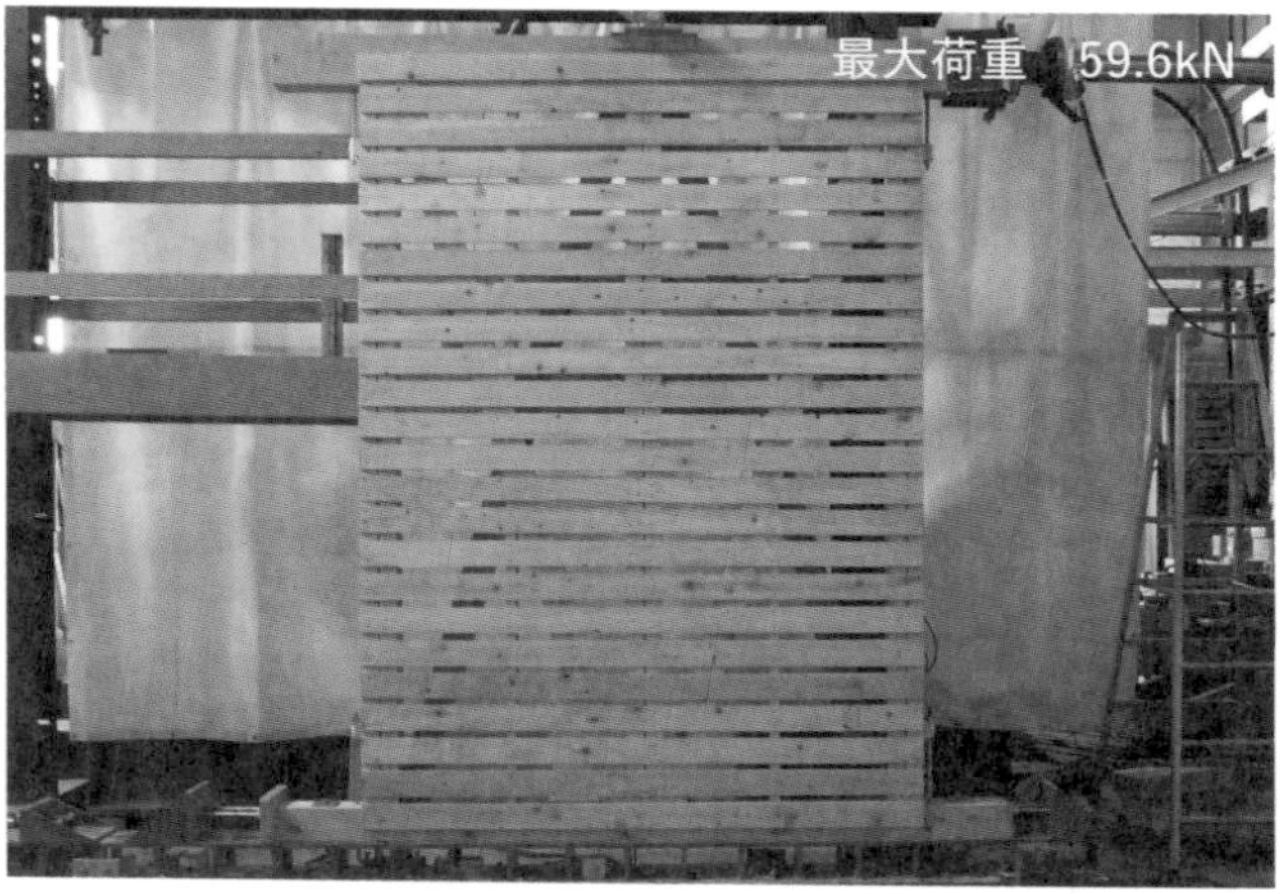

外面となる面

筋交いが見える室内側となる面

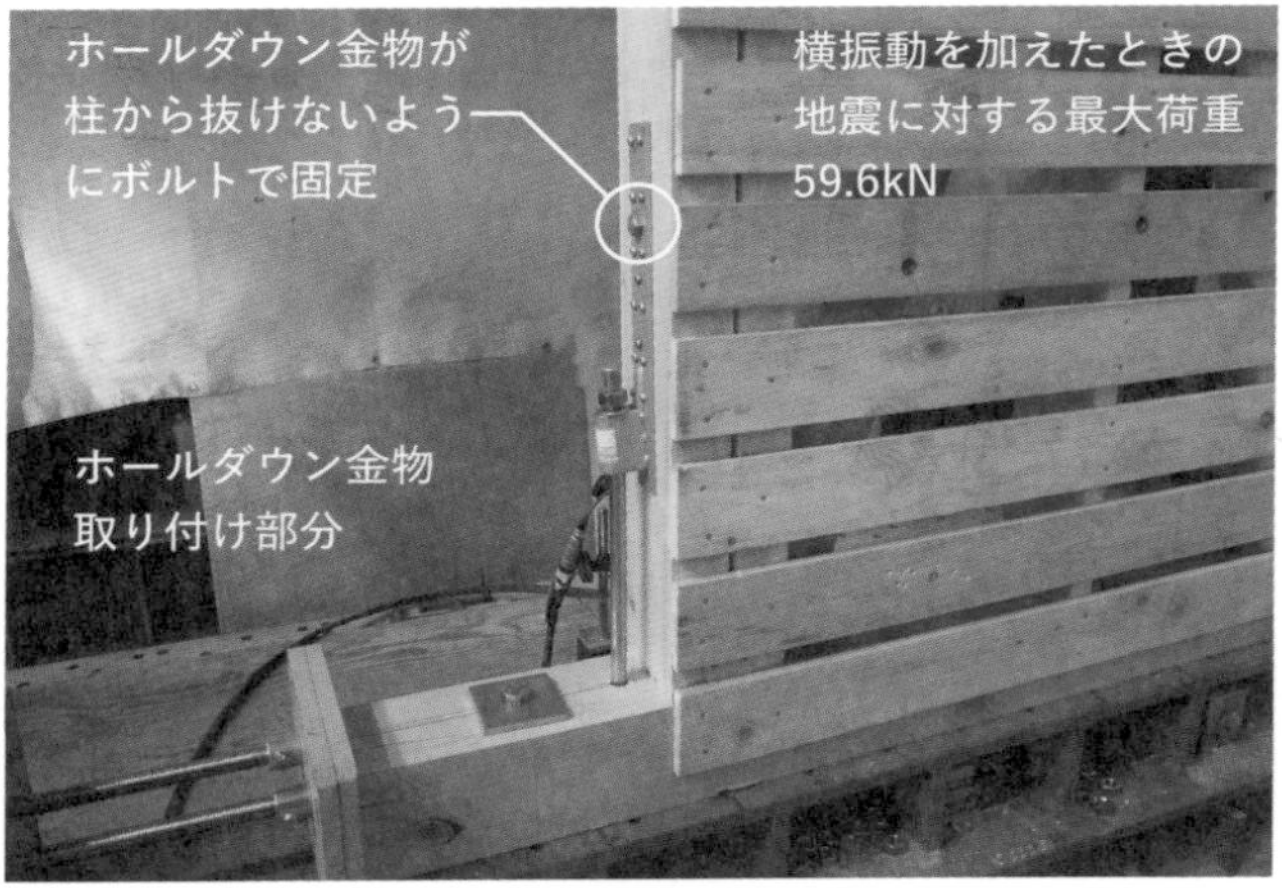

ホールダウン金物取り付け部分

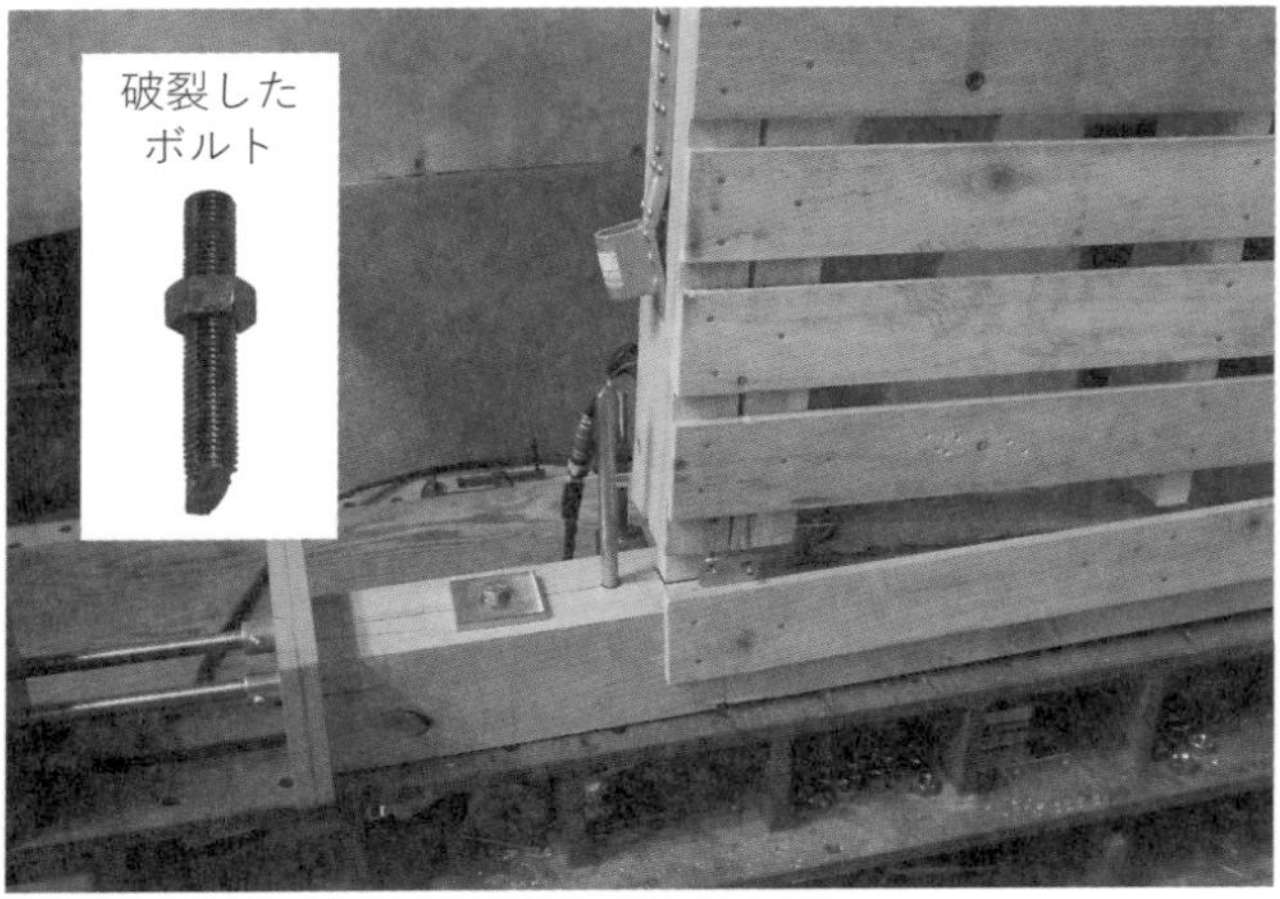

実験後の状態

第3章

機能がすぐれた家

——燃えない、冷えない、汚れない

鉄骨、鉄筋の家を安心で住みやすくする

熱に弱い鉄

耐震壁の実験の結果を第2章で報告しましたが、木の耐震壁以外に鉄骨壁についても調べています。

最大荷重29・8kNでした。ダブル筋交《すじか》いの木造軸組《もくぞうじくぐみ》の耐震壁が59・6kNですから、地震に対する強度を理由に、鉄骨、鉄筋の家を選ぶほどのものではありません。

鉄は木よりも強いはずだ、という単純な思いこみで、技術系の方、医者、弁護士など社会的な地位の高い人に、鉄骨、鉄筋の住宅が選ばれています。

鉄は熱伝導率が高いので、夏は建物が熱くなって冷えず、冬はとことん冷えます。結露《けつろ》してカビを発生させることにかけては、建材の中でもナンバーワン。カビ発生実験でも、合板やパーティクルボードに比べて、もっとも早くカビが発生しました。

鉄は素材として呼吸しませんから、空気中の湿度はそのままです。また、振動しや

すいので、引っぱりの力が楽器の働きをして、音が響きやすい。

住むのに快適な家とは言えません。

鉄は火に強いと思われがちですが、じつは火に弱く、８００℃以上の火災時レベルの熱を受けると、急激に強度が低下します。９・11テロでニューヨークのツインタワーが崩壊したのは、火災の熱で鉄骨の強度がいちじるしく低下し、変形したため、と伝えられています。

こういったことは知られず、日本のような地震の多い国では、単に「鉄は地震に強そうだ」ということで鉄骨住宅が選ばれているのでしょう。

住宅メーカーの売上上位10社の中で、鉄骨の住宅メーカーは6割以上を占めています。これは異常なことだと、私には思えます。

鉄骨が適しているのは、橋梁《きょうりょう》や鉄塔や車庫です。工事現場の仮の建物や倉庫です。住むものではありません。

RCの大火災

世界ではビルの大規模火災が発生しています。イギリスのビル火災のニュースでは、

ウィキメディアコモンズ ©Natalie Oxford - https://twitter.com/Natalie_Oxford/status/874835244989513729/photo/1

イギリスのビル火災
（グレンフェル・タワー）

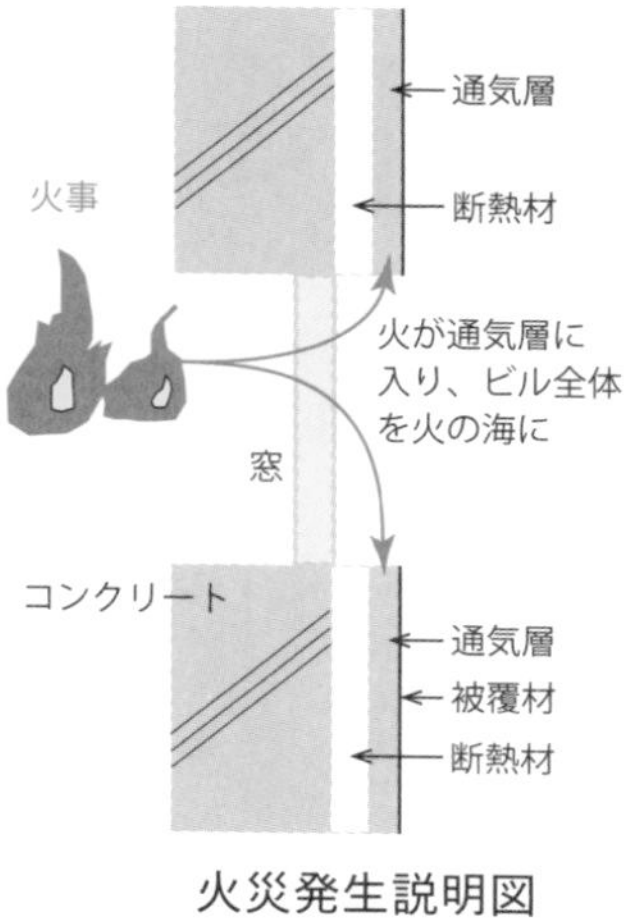

火災発生説明図

ビルのオーナーが、「国指定の断熱材を使ったのに」と嘆いていました。

このビルは、難燃性が高いとされるポリイソシアヌレートフォーム（プラスチック発泡体）を外断熱に使っていましたが、火が断熱材と被覆材の間の通気層に入り、断熱材を燃やしながらビル全体を火の海にしました。

ＲＣ（鉄筋コンクリート造）では、外断熱は本質的に必要です。鉄筋コンクリートは熱容量が大きく、熱を大量にたくわえます。冷えるととことん冷え、一度熱くなるとなかなか冷えません。

ＲＣの建物には、外断熱の部材を塗るか、取りつけるかするのは、正しいことです。しかし、難燃といえども石油系の断熱材を使うのは間違いです。

燃えない外断熱材には、セラミックビーズとか漆喰《しっくい》があります。さらに、とんでもないと思われるものに、無垢《むく》の木を不燃化した建材があります。

漆喰が燃えないということは、もうご存じでしょうが、セラミックビーズとは何か？

また燃えない木材とは何か？

燃えない建材

火事にならない家とは、どんな条件をもっているのか。

1 外からの火で火事にならない。防火の問題です。

2 家の中から火が出ない。家具などが燃えても、床、壁、天井が燃えなければ火事になりません。

3 柱や梁、耐震壁など、構造体そのものが燃えない。

鉄骨の家、木造の家についてこれらの条件を考えてみます。

1 鉄筋コンクリートは、火がつきません。耐火建築です。鉄骨は、マッチやライターでは火がつかないが、室内が燃え上がったり、柱と柱の間の壁の断熱材が激しく燃えると、鉄は溶けて崩れます。

鉄骨の家は、外からの火には強い。外壁がＡＬＣ板（軽量の成形セメント板）なら家の中に火は行きません。しかし、室内から火が出ると非常に危険です。石油系建材ばかり使っているのが通常なので、一瞬のうちに室内の人は意識を失います。

住宅メーカーによって建てられた、合板の家や集成材の家は、石油系接着剤を多用してつくられているので、燃えやすく、火を止めようがありません。

できることといえば、室内の間仕切りは15ミリのプラスターボードや、二重のプラスターボードを張ることです。そしてなにより、室内から火事を起こさないようにします。

2 無垢のヒノキ、杉、青森ひばを使った木造建築が、火に燃えないようにするにはどうするか。少なくとも、燃えにくくするにはどうするか。

これは簡単にできるのです。

木をホウ酸水の中に漬けこみ、50℃から60℃で温める。木を生かしたいから90℃、100℃にはしない。ホウ酸は不燃なのです。木材は、微小の細胞に空気の粒子をたくわえています。温めていくと、中の空気が出て、ホウ酸水がそれに入れ替わります。

ホウ酸は、断熱材に有効な不燃材です。羊毛の断熱材の中に含ませると、ゴキブ

ウール

セルローズファイバー

リヤシロアリが寄らず、しかも燃えません。新聞紙を粉砕してホウ酸を含ませたセルローズファイバーも、高断熱、虫を寄せつけない安心な断熱材です。

カンザキでは日本でいち早く導入したゼットテクニカ（現代表：大山研《おおやまけん》氏）に多く施工を依頼しています。

燃えない木の奇跡

燃えない木をつくっている会社があります。塩田《しおだ》政利《まさとし》氏が経営する株式会社ニッコーです。国の認定も取り、「燃えない木」は、戸《と》越銀座《ごしぎんざ》駅、高輪《たかなわ》ゲートウェイ駅などで使われています。

どういう原理で燃えないのかというと、コロイド状の微小のガラスが、木の細胞の中に入りこむという21世紀の大発明です。実験の様子を見ればわかりますが、ご覧のとおり炎に包まれても燃えません。

戸越銀座駅舎

燃えない塗料を塗った小屋の火災実験

木材を燃えなくする塗料を塗って、ガソリンをかけ、火をつける。一気に燃え広がります。鎮火《ちんか》してから、やすりでススを剥《は》ぎとると、燃えたはずの木はなんともなっていない！　驚きです。

セラミックビーズの奇跡

鉄骨住宅の鉄の柱や梁を、火事になっても熱で溶けないようにする耐火被覆《たいかひふく》という方法があって、法律で決められていることです。これに使われていたのがアスベスト。石綿《いしわた》とも言いますが、これは燃えません。ところが健康被害が甚大《じんだい》なため、使用禁止となっています。

それに代わるなにかいいものはないか。身体を侵さず、次の条件を満たすもの。

1　火に強く、鉄が溶けないようにする

2　断熱・遮熱効果が高く、鉄の冷えを抑えることができる

3　結露がおこりにくく、カビ発生を抑える

セラミックビーズ構造図

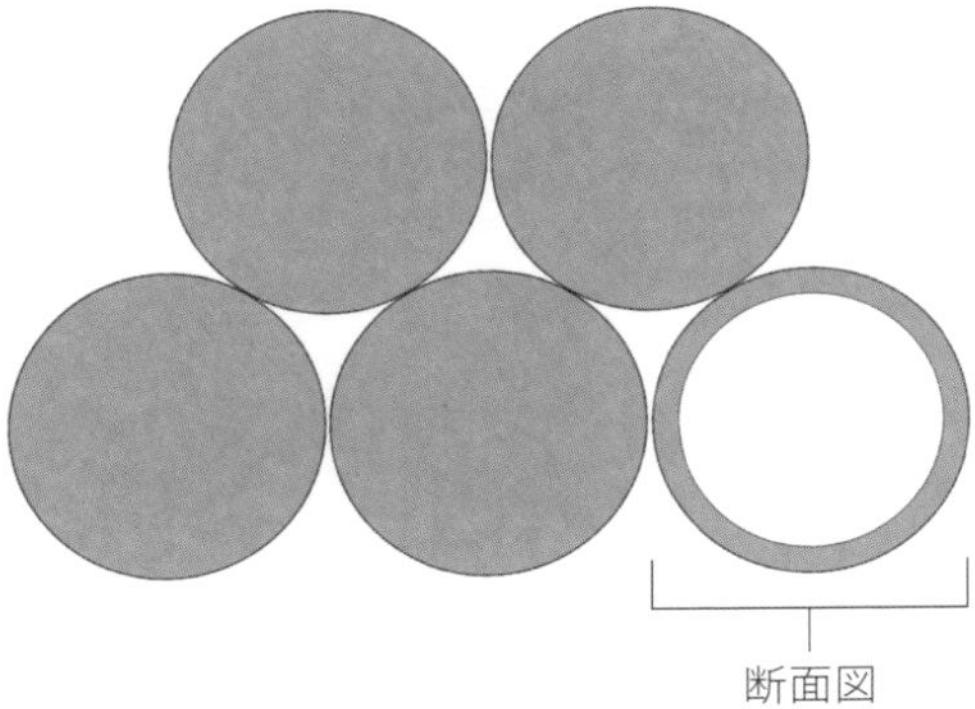

塗っていない鉄骨

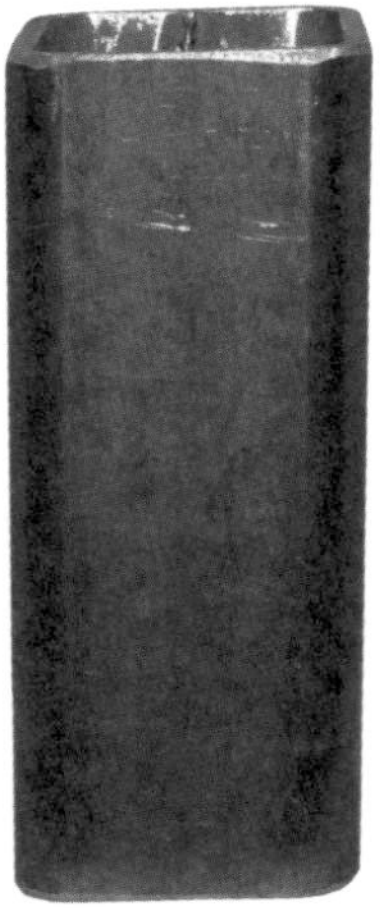

ビーズを塗った鉄骨

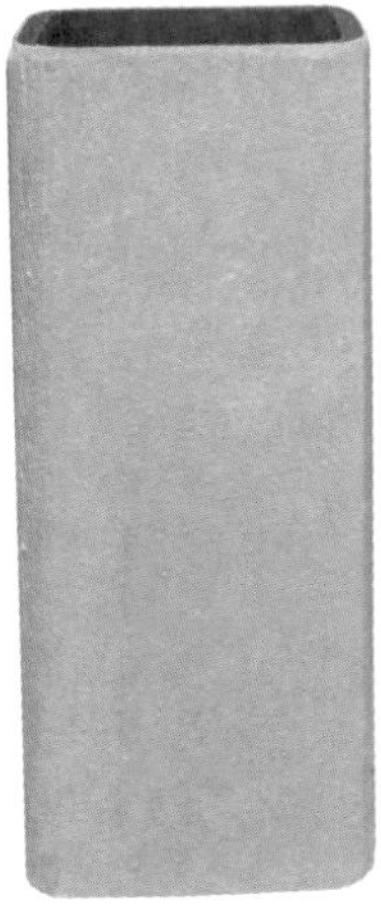

これらを満たしたものが、セラミックビーズを配合した塗料です。

セラミックビーズは外周はセラミックで、中は空いています。ピンポン玉のように空気が内部にあるので、素晴らしい断熱効果が発揮されます。

スペースシャトルなどの宇宙船や人工衛星が大気圏に突入する際、1000℃以上の灼熱から機体を守っているのは、外壁一面に塗装されたセラミックビーズ塗料です。

これを住宅建築に転用。セラミックビーズ塗料で被覆した鉄骨は、これまでの弱点をなくす、革命的な建材となったのです。

これらは、みな素晴らしいことですが、日本の家屋を考えたとき、いちばん大事なこと、基本は次のことでしょう。

燃えない建材で断熱層をつくり、室内仕上げは漆喰を塗る。これが最適、最高なのです。

エアコンのない家はつくれるか

北側の窓

結論から言うと、どんな家でも夏の猛暑を考えるとエアコンはあったほうがいいとは思います。ただ、建設方法と資材によっては「今年の夏はエアコンを数日しか使わなかった」と言われることがあるのも事実です。

エアコンは、ゼロとはいかなくても、使用頻度が少なくてすむ家を考えると、「間取りの風通しと家の素材」に行きつくと思います。

間取りを考えるとき、多くは南に大きな窓を開けます。そこからさらに検討したいのが、「北側の窓」です。**北側にも窓を設《もう》けると、南北に風が通るようになります。**四季を通して風の向きはさまざまですが、南北の風が一般的で優先的に考えます。いい風が通る家は、「その家の最大のお気に入りのポイント」にもなるほどです。

プランを検討していると、状況的になかなか北側に大きな窓や地窓を設けられないケースが多いのですが、間仕切り壁に思い切って開口《かいこう》を設けるなどの工夫や、取れそうなチャンスがある場合は、逃さず設けられるとよいと思います。

いい風が通る間取りの家は、エアコンの使用頻度を多少なりとも抑えられます。

自然素材の力

日本の夏の暑さが耐え難く感じられるのは、湿度のせいです。**湿度に対する対応は、機械でコントロールする以上に、驚くほど力を発揮してくれるのが自然素材**です。

除湿機を使うと、もちろん水は取れますが、さわやかな感覚は体感できません。無垢の木と漆喰の家の除湿機能は、居心地のよさを誰もが体感でき、自然の力にはかなわないと逆に思い知らされます。

家を箱だとイメージしてください。

自分が中に入って寝る箱です。

まずは、箱の骨格をなす木を選びます。

何を選ぶか。

ホームセンターでも、たくさん木が売られています。

ハウスメーカーからも、木が売られているとします。

何の木を選ぶでしょうか。

木といっても、その種類によって天と地ほど機能性は違い、かなり奥深いものです。

選んでいる木は、そのまま構造となります。

つまり、柱や梁。家の骨組み。

骨組みは、家が完成すると見えなくなります。外部も内部も最後は見えなくなるので、無頓着な方が多くなるのも当然です。

最後には見えなくなるということは、塞《ふさ》がれた環境になるということです。それは、湿ったり、熱がこもったり、冷やされたり、結露も起こりやすくなる環境です。

一般的によく手に入る集成材は、カナダやロシアなどの寒い国から来るホワイトウッドを接着剤で加工した木です。高温多湿な環境を知らない木です。

一方で、高温多湿な環境の日本で育った木があります。適材適所という言葉がありますが、調湿性、耐震性など、柱として最適な木材はヒノキに辿《たど》り着きます。**無垢のヒノキは、柱1本で一升瓶程度の調湿性をもつ**といわれます。

建てて数十年経ったお客さまの家をリフォームしたときの、艶《つや》やかできれいな柱に驚きます。塞がれた環境でも、調湿しているためです。

青森ひばやヒノキを、露出した形で使用しているお風呂の壁は、調湿性を体感できるポイントです。シャワーで飽和度100パーセントのような状況下でも、触ると、ひばやヒノキの板はサラサラしています。

風通しがよければ、10年経ってもずっときれいなままです。

自分が入る箱を自分でつくる。

イメージしてみてください。

無垢の木と集成材があったら、どちらを手に取るか。

エアコンの頻度を下げる家をつくりたいとしたら、調湿性のよい日本の木を選ぶのではないでしょうか。

断熱材を選ぶ

家には、床下、外周の壁の中、天井の上に断熱材が敷き詰められています。セルローズファイバーが、近年多く採用され、喜ばれている断熱材です。

セルローズファイバーは、粉々にされた新聞紙に、ホウ酸7パーセントを加えたもので、要するに紙です。でも、ライターで着火しようとしても燃えません。

この紙が、断熱性能と調湿性を兼ね備えています。

真夏の外壁に照りつける熱が内部に伝わりません。一般的なロックウールに比べて、夏の暑さをだいぶしのいでくれます。

いちばん顕著なのが、屋根直下の部屋です。小屋裏や3階建ての部屋でも快適で、その断熱性のよさに驚く方がとても多いのです。

体感していただくのがいちばんですが、**調湿性のあるセルローズファイバーは、夏のエアコンの使用頻度を下げるのに一役買う**ことは間違いありません。そういう実感があります。

漆喰の壁

漆喰壁には、素晴らしい調湿性があります。無垢の木もそうですが、自然素材というものは、人には絶対につくれない機能性を多く兼ね備えています。

漆喰蔵に入ったときの、ひんやりした体感を経験した人はおわかりでしょう。エアコンの使用頻度を下げつつ、快適な空間にしてくれるのが漆喰です。これ以上の壁の仕上げ材はないと断言できます。

間取りで設ける風通し。そして素材のチョイスは、適材適所の無垢材であり、壁に塗る漆喰であり、セルローズファイバーという断熱材。そうすれば、エアコンゼロとは言わないまでも、エアコンの使用頻度を下げることになり、自《おの》ずと快適な家になってくるのです。

汚れない家はあるか

家の機能としてのきれいさ

家というものを機能性という観点から見たとき、ひとつは火災に対して強固であるかがあるでしょう。次には、日本の風土の難点である高温多湿に対する機能的な対応がくるでしょう。もうひとつ、地震対策があります。揺れに強いかどうかです。

ここで、第3の家の機能としての耐震性があげられるのが通常でしょう。「揺れない」「揺れに耐える力がある」のかわりに、「汚れない」という要素を家の機能としたのはなぜか。まずここからお話ししましょう。

ひとつの理由は、すでに各社の耐震壁を取り上げ、耐震実験をおこない、その経過および結果を報告しているからです。無垢の木の強度実験もご紹介しました。これで十分だと考えたためです。

地震に対する対策は、ふたつあります。ひとつがこの「耐震」で、もうひとつが「免震」。

耐震は、文字どおり揺れに揺られながら耐える。免震は、建物を揺れる地面から切り離して揺れと無関係にしてしまいます。

免震に関しては、私は免震装置を発明して特許をもっています。はじめにアメリカで取って、次に日本でも申請して取りました。人工地盤コンクリートと、基礎コンクリートを打ち、その間にあるしかけを設け、鋼球で人工地盤コンクリートごと、建物を浮き上がらせます。地面が揺れても建物は揺れない。そういう発明です。興味がおありの方には、設計の相談の際にでもお話しいたします。

私は、本物である無垢の木と漆喰が大好きなのですが、実験と発明、工夫も大好きなのです。以前、あるお客さまからこんな言葉をいただいたことがありました。「この箱の中は森ですね」。その方が言われるには、**家の箱の中に「森という自然」をつくる家と「自然を放逐した都市」をつくる家がある。自然には自ずから起こる循環があり、都市にはそれがありません**。

「カンザキさんは、都市化したハウスメーカーの家づくりを否定して、自然と人間性の家づくりにかえったわけだから、住宅建築のルネサンスをやったんですね」

ルネサンスには、復古と再生という意味があるようですが、私は本物が好きなだけで、復古調が好きなわけではないのです。むしろ、科学的な実験によって、つねに新しい意味を発見したいのです。免震構造のお話を、本題から離れてここでしたのは、そのためです。

私は、つねに実験から離れず、新しい意味を探るところに、カンザキの伝統が生まれることを願っています。

さて、「汚れない」という家の機能にはどういう意味があるのか。それは愛情、愛着、愛玩といったような心のあり方と、家に住む幸せが深い関係をもつと思うからです。

住むほどに味が出てくる家

引き渡しを受けてはじめて自分の家に入ります。感動しない人はいないでしょう。無垢の木と漆喰の家であっても、ハウスメーカーの家であっても、同じです。どこもかしこもピッカピカでシミひとつない。あったら困ります。

両方のタイプの家を知っている人がそこにいたら、ちらっちらっと視線が飛び、何かをしっかり見て確認しているでしょう。柱は何でできているのか。幅木、窓枠、階段、壁、床……。ああ、だめだなこの家は。汚れていくだろうな。何がだめなのか。本物を使っていないのです。本物とは自然素材のこと。

私は、大仰《おおぎょう》なことを考えてきたわけではありません。「本物とは何か」を必死で追求してきたら、無垢の木と漆喰の家になった。それだけのことなのです。本物は本物、偽物《にせもの》は偽物です。**偽物は、年月が経つほどに劣化していくだけで、けっして味が出ません。**

そりゃあそうです。紙やクズ材を石油系の接着剤で固めたものは、ぼろぼろになっていくしかない。

集成材は接着部分から隙間ができて、そこにゴミが詰まっていきます。汚い。ビニールクロスには吸湿性がないから、結露で濡れてカビのシミが浮いてくるでしょう。さらにそこに埃《ほこり》が付着するでしょう。これが根本的な汚れというものです。

そういうものには愛着が生まれません。無垢の木の家が、いつまでたってもきれいで味わいがあるのは、年月が経つほどに、愛情で磨かれているからでしょう。

1　漆喰は汚れない

白化作用といういつまでもきれいな白色を保つ機能があることは、すでにお話ししました。汚れないだけでなく、周りをきれいにする。保湿性が高く、湿度をほどよく保ちます。呼吸によって空気を清浄にします。カビ菌を殺す殺菌作用があります。

2　無垢の木は古びない

時が経つごとに強度を増します。木目がくっきりと浮かび上がってくる美しさはなんとも言えません。

3　無垢の木はカビを発生させない

香りがよく、殺菌作用があります。吸湿性があって、湿度をほどよいものに保ちます。汚れの最大の原因である結露によるカビを、二重の効果で退治します。

気持ちがいいから家がどんどん好きになり、好きになるから家はどんどんきれいになる。好循環の人生です。この逆はほんとに苦しい。

隠れたところに無垢の木を使う

愛着は、細かいところへの配慮があるとき、さらに増していきます。毎日使うつくりつけ家具、クローゼット、靴箱とか、キッチンの収納部分、引き出しなどの、通常の仕上げでは合板で間に合わせるような個所も、きちんと本物の無垢板を使う。

これは小さな工夫ですが、大きな満足が生まれます。丁寧な仕事、使う人のためにどこまでも寄り添う。そのためにいつまでも狂わない、壊れない。スーッと動く引き出し。気持ちがいいものです。

湿気、臭いがこもらない。虫がわかない。収納したものがいつもきれいでいい匂い。

幸せです。この反対の暮らしは、まったくもってたまらない。

これらのすべてが、幸福な暮らしのための機能です。

第4章

桜匠館《おうしょうかん》
——1000年住宅がここにある

これから日本の住宅建築は変わっていく

健康的な価値ある家に

２０２０年から２０３０年の、この10年間で、日本の建築は変わります。

住宅メーカー中心の、木くず、紙くず、薄い板、小木片を接着剤で固めたパーティクルボード、ＭＤＦ（中密度繊維板）、合板、集成材《しゅうせいざい》などの接着建材で建てた住まいは、消えていくでしょう。

これほどの、まがい物で、健康ではない家づくりは、どの時代にもありませんでした。

これからは、10階建て、30階建ての木造建築も出現します。木が火災に耐えられる技術の開発により、可能になります。

木からとれる繊維素材のセルロースナノファイバー（ＣＮＦ）は、強度は鉄の５倍、重さは鉄の５分の１です。このすごい素材が注目されています。それは、街の風景を変えるかもしれません。

近い将来、一般の住宅も変わります。日本のヒノキや杉などの自然乾燥材による、健康的な家づくりに、すっかり変わっていくでしょう。

林野庁のすすめる木材のＪＡＳ規格の推奨は理解できますが、やはり自然乾燥にはかないません。少し時間をかけて乾燥するだけで、その木は１００年～２００年もつのです。

このわずか数十年の、高温人工乾燥のはやり時期を除けば、人類はいつでもどこでもそうしてきたのです。これが人の健康を救い、人類を地球温暖化による大災害から救うことになるのだと思います。

私は私財を投ずることにしました。そのため、日本の手刻《てきざ》みによる伝統構法、総ヒノキづくりの１０００年住宅を建てる。カンザキ建設の資料館ともなる桜匠館《おうしょうかん》がそれです。

総ヒノキの家

杉並区浜田山、井ノ頭通り沿いの１０００年住宅は、現在も建設中ですが、日本の伝統構法による本格的な建物です。構造も仕上げもヒノキと青森ひばでと考えています。

日本の木造建築技術は世界一なのです。

世界最古の木造建築で、１３００年前に建てられた法隆寺のこと、伊勢神宮のヒノキ造りと20年ごとの遷宮《せんぐう》については何度も申し上げてきました。奈良の校倉《あぜくら》づくりの正倉院もヒノキ造りで、ヒノキの調湿作用と殺菌力によって、カビの発生を防ぎ、永く後世に宝物を伝えています。

資料館というと、過去の技術を「このように素晴らしい」といって展示するのがふつうですが、この資料館は、建物自体、柱、梁が、その技術によって組み上げられていきます。

尾張徳川家の名古屋城本丸が再建されたとき、木曽《きそ》ヒノキを使いました。年輪の緻密さが違います。年輪の間隔が1ミリ以下。ヒノキの床だけで3億円だそうです。下地にもヒノキを使っています。カンザキ建設も、無垢のフローリングの下地にヒノキを使っています。同じでびっくりです。

カンザキ建設の桜匠館は、そんなに高価ではありませんが、床、桁《けた》すべてがヒノキというのははめずらしいと思います。

桜匠館全景

大入れ寄せ蟻掛け

八寸角に堅木の込み栓

建て方（目黒博史棟梁）

梁

継手

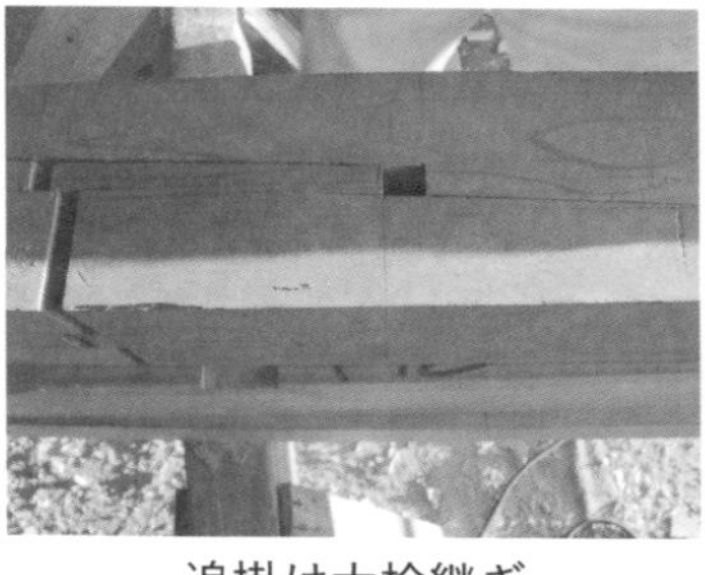

追掛け大栓継ぎ

込み栓打ち

手刻みで加工

鑿《のみ》打ち

鉋《かんな》掛け

内観

本村棟梁と
2代目登志也さん

桜匠館は上棟まで長い道のりでした。構想に10年。基礎やり方（建物全体の土地に対する位置出し）から基礎ができ、基礎から上棟まで4年の歳月がかかりました。

その後、伝統構法に則った手刻み加工が3ヵ月を要しました。

「手刻み加工」とは丸太から伐り出した梁や桁、柱となる木材のそれぞれの接合部に「継手（材を継ぎ足して長く継ぐ手法）」、「仕口（梁《はり》と桁をT字に組む方法）」など、凹凸をノコギリやカンナ、ノミを使って加工することを言います。

自然乾燥の無垢《むく》のヒノキは、伐り出されて建材として使われるときも、伸び、縮み、反りなどの動きが必ずおこります。それらを補正するとき、木との対話ができ、適切な修正ができる棟梁の熟練した技が不可欠です。

桜匠館の木組みは、神社仏閣の木組みそのものとは違いますが、基本的にその技術を使って建てたものです。釘を使わずに、こうした伝統的な手法で木組みをすることで、大工の手仕事による力強さと繊細さが生きる建物が組み上がるのです。

伝統構法の伝承

日本民族の叡智《えいち》と誇《ほこ》りである「日本の伝統構法」の技術を絶えさせてはなりません。

この技術は、神社仏閣に引き継がれているのがほとんどで、住宅には生かされていない。桜匠館は、そこに挑戦しています。

今の大工さんに、手刻みで家を建てる技術を伝えなくてはいけない。それで、実際に仕事の依頼を棟梁にしました。本村修棟梁《もとむらおさむとうりょう》はその技術を息子さんに受け継がせようと、ともに家づくりに取り組みました。

本村棟梁には桜匠館に携《たずさ》われたことを何度も感謝されました。棟梁は「これが最後だ」とよく口にしていましたが、私は逆にこれからがスタートなのだと思いました。

千駄ケ谷《せんだがや》の国立競技場は木の施設でした。これを機会に日本の木を使おうという動きになるでしょう。

競技場のような大規模建築では、集成材を使わざるを得ないのですが、小住宅は自然乾燥の無垢の木を使えばいいのです。

桜匠館への願い

建築は大きく捉えると「文化」です。カンザキ建設では、建築を通して社会貢献をしたい。桜匠館を建てるにあたり、改めて、私は次の3つに願いを込めました。

一、この建物そのものが日本の伝統構法の技術の資料館。過去の遺産としてではなく、これからの建築技術への伝承として、さらに新しさがある建築を発展させたい。
二、神社仏閣の建築技術の引き継ぎではなく日本国民の技術の叡智として、民間の建物に生かしたい。日本の木造建築技術を心ある人が自らの邸宅に生かす機会にしたい。
三、建築を日本の誇りある文化として、多くの方々にお越しいただき、子どもたちをはじめとする学び合いの場、教育の場として活用いただきたい。

無垢のヒノキの柱や梁、青森ひばでつくった土台が放つ香りが館内を満たす。なんと豊かでさわやかなことか。

本村棟梁親子の手刻みによる木組みの繊細さを眼前にすれば、心が震えるでしょう。桜匠館は日本の風土に合った、木造建築技術のよさを体感できる場に必ずやなるはずです。一般の方はもちろん、建築を志す学生の学びの場として、小学生、中学生の社会科見学の一環として、生きた家の資料館である、体験学習ともなる桜匠館が、お役に立てることを願っています。

エピローグ

いい家は「買う」のではなく「つくる」ことで実現する

倉茂《くらも》泉子《いずみこ》（神崎建設常務取締役）

幸せを求める

新しく家を建てるということは、人生にそんなに何度もあるものではありません。慣れないことをする。それが家の新築です。勝手がわからなくて当たり前。そういうとき、人間は理想を自分の外に探そうとします。

父は、自分の生涯の仕事がなかなかわからなかった。「いい家」もなかなかわからなかった。だから、こんなことを言ったのです。

父は、この本を「いい家とは何か」という知識を得るものとして考えたのではありません。知識ではなく、決断してほしい。「行動に移すきっかけになる本」を書くのだと思っていました。

家族が、もっともっと健康になる家に住もう。幸せに満たされる家に住もう。それ

に着手する。第一歩を踏み出す。そういう本のつもりで私たちは書いてきました。

私たちが建てる家は「商品ではなく作品だ」と思い、少しでもよくしようと工夫を重ねてきたこともお話ししました。

私たちはお客さまが家を建てるのも、同じだと考えています。見せられたパターンの中から、「家の姿かたちを選んで買う」のではなく、「自分の人生、家族の人生を、家という形に自分の手で描き直す」ことだと思います。

それは、なかなか姿を現さないかもしれない。でも、それが姿を現したときには、「あ、これだ」と確信する。そういうものだと思います。

だから、確信がないうちは、まだまだ家づくりをたのしむ過程にあるのだと思って、じっくりかまえたほうがよい。後悔しないためには、これがとても大切なことだと思います。

設計のプロセス

お客さまから、まず希望を聞くことから家の設計は始まります。

設計が、言われたとおりの、要望条件をすべて満たしたものだったとしても、それがその人にとって本当に欲しいものであるとは限りません。

設計するということは、その要望の、うまく言葉にならない裏までを聞きとり、本当に必要なものは何かを考えていくことだと思います。一緒に、何が本当に欲しいのかを探していく作業であると思います。

家を建てようとすると、たちまち具体的な事柄が浮上してきます。家づくりには、さまざまな条件がついてまわります。敷地の限界。建築基準法による規制。お金。住む人数。

これらの条件は、足枷《あしかせ》にも思えますが、条件があるからこそ、その中で最善の選択を見つけ、納得して進められるのです。

スムーズに納得いく図面が出せる場合もあるし、なかなかうまくいかない場合もあります。ただ、必ず正解はある。よくも悪くも、条件の中で最善の方法を模索しつづければ、必ず正解は見えてくるものです。

大切なワクワク感

注文で家を建てることは、お客さまにとっても、こちらにとってもたいへんな作業です。設計は、家づくりのすべてを決定するものです。だから、あせらず時間をとり、よく眺めて、とにかく納得していくことが大切です。

設計をすすめていくと、ふいにワクワクするポイントに接した感覚をいだくことがあるでしょう。そのときの設計は、まるで、生きることそのものであるかのようです。設計のプロセスには、こういう経験が含まれていることが大切だと思います。

その中に、**ワクワクするような楽しみを含ませた、人生のような家づくり**。そういう設計にするのは、なかなか大変ですが、大変であるからこそ、できたときに一緒に喜びたいと思うのです。

お客さまは、財産を使われるわけですから、それは単純に言って、いいものでありたい。建てた10年後、20年後、それ以後も、満足感をあたえてくれる家であってほしい。そう願ってするのが設計です。

引き渡してしばらくしたお客さまに、「ここをこうすればよかったと、思うところがない」と言われれば、こんなに嬉しいことはありません。

三位一体の家づくり

いい設計の家は増えていると思います。

ただ、「設計だけがよい」だけではいい家とは言えない。「職方だけがよい」「素材だけがよい」も然《しか》り。この3つのすべてがよくないと、いい家には辿《たど》り着けません。

注文住宅でいい家をつくろうとするならば、お客さまとの信頼関係、職方との信頼関係も不可欠になってきます。料理のように愛情が必要なのだと思います。

10年後20年後に無垢《むく》の素材は強度も深みも増し、漆喰《しっくい》は住む人に清々《すがすが》しい空気で満足と喜びを与えてくれます。**自然素材は、人にはつくれない生命があり、それをむだにしてはいけない**とも思います。

お客さまと設計側と、つくる者すべてが協力しあい、しっかりと理に適《かな》った本当の家をつくりたい。出来上がった家の中でいっしょに喜び、10年後20年後それ以後もずっと、満足できる家にしたい。

それを実現するのが注文住宅なのです。

あとがき

神崎隆洋、伝説の始まり、その建物が更地に還る

神崎隆馬《かんざきりゅうま》（神崎建設代表取締役社長）

１９９２年夏、２トントラックのラジオからニルヴァーナの〝Smells Like Teen Spirit〟が流れていた。そのとき私は茶髪、長髪でロックンロールバンドの歌うたいとして、今は無き伝説ＣＬＵＢ24横浜のライブハウス、新宿ＡＣＢ《アシベ》などのステージ上で青春を謳歌《おうか》している世間知らずのＫＩＤ《キッド》であった。

19歳になり一人暮らしを始めたころ、親父から突然1本の電話があった。木材の運搬のバイトがある、とにかく人数がいるから明日の朝一で来い、と。ちょうどスタジオ代を稼ぐ必要もあり、レンタカーを借りて横浜まで行った。

そのとき、上棟《じょうとう》したばかりの骨組みを職人たちが解体作業をしていた。それは昨日、

建前《たてまえ》でお祝いをした現場であった。そのとき、カンザキ建設は仕事が少しずつ軌道に乗りはじめたころ、神﨑隆洋一人で設計も管理もするには、忙しすぎた時期だった。

東京の現場であれば木材を当然支給したのだが、横浜の現場ということで地元の業者に委託してしまった。腕利きの棟梁《とうりょう》が手刻《てきざ》みでしっかりした施工をする評判の工務店ということをすっかり信頼したのが仇《あだ》となってしまった。無論、きちんと材料を指定した上で材工の木工事と基礎工事を発注した。土台は青森ひば、柱はヒノキ4寸角、筋交《すじか》いも間柱《まばしら》もヒノキの仕様で日本一の構造材を目指す、というキャッチコピーであった。

しかし、父隆洋は上棟式のとき、土台が青森ひばではないことに、一瞬で気がついた。まず、現場の香りだ。父はよく五感でわかるようでなければダメだ、と言っていたが、これは違うと空気で察した。青森ひばの香りは心を安らげるが、米ひばはつんと鼻にくる、お世辞にもいい香りとは言い難い独特な匂いだ。

上棟、お祝いの場所ではあったが工務店の棟梁に、土台が米ひばで間違っているから、やり直ししてくれ、しかも、基礎の仕様も違うからすべて壊してほしいと、半分怒りを抑えながら説得を始めた。しかし相手も職人、自分たちとしては、米ツガに比べずっと上等な米ひばだし、柱はすべてヒノキを使っているし、何の手抜きでもないと強情《ごうじょう》だ。神﨑隆洋も手間はすべて払い責任もすべてとるからやってくれと引かない。棟梁も「施主も理解するのか？　どうすんだ」と、双方歩み寄れないまま、お客さまとのお祝いの席、とりあえず祝いのお酒を酌み交わした。

下請の社長も「壊すことはできないよ、受注を受けており引き渡しもしてないこの基礎、躯体《くたい》（骨組み）もまだ俺の所有物だしね」。神﨑隆洋も「わかった、わかった検討しよう。とりあえず、今夜は飲もう」。そのお祝いの夜の風も酒の味もいつもとは違っていた、と回想していた。

祝いのあと、神﨑隆洋はお客さまに材料も施工も自分の納得できるものではないので、もう一度、基礎工事からやり直しをさせてください、とお願いした。

そのときお客さまは、口を開けたまま、ポカンとして、その後、「何が悪いかはまったくわからないけど、そこまで言うなら、神﨑隆洋に任せる」と。なんか気迫が凄いから、断れなかったようだった。一度基礎工事をして建前をして、それを壊して、もう一度建てる。そのようなことは聞いたことがない、神﨑隆洋しかやんねーな。職人が隆洋に対して一目置くようになったのは、この時からだった。

材木を運ぶ先は千葉県富里《とみさと》市のカンザキ倉庫であった。富里インターを降り職人たちとインター前のファミレスで遅い昼食をとった。そのとき職人たちは長髪の私に、「神崎社長は自分の納得いかない仕事は、現場は、誰が何と言おうが、やり直す。そしてすぐにぶっ壊す。更地《さらち》にすると言ったら、本当に更地にする。おっかねーよ」と言ってきた。そのとき私は、親父の偉大さにまだ気がついていなかった。

組み上がった骨組みの梁《はり》、桁《けた》、柱、土台は、すべて金物を外すため、安易な作業ではなかった。また横浜の土地柄、高台で道路からコンクリートの階段まで数十段あり、手運びで材料を下げた。木工事の解体の後は、基礎工事の撤去。つくるより解体のほうがたいへんな作業であった。一日で更地になった現場に、翌日現場の大工は、唖然《あぜん》としたことだろう、一昨日まであった骨組みの躯体と基礎がなくなっていたから。

「神崎社長、やりやがったな……」電話の棟梁の声は怒ってはいたが、「あんたの執念には負けたよ……」。若い衆が「親方、今日は上がりでいいですか?」と聞くと、「仕方ねーだろ、現場には、何もねーんだから、帰るぞ」と言った。

帰りのトラックのラジオからは、レッド・ホット・チリ・ペッパーズの〝Give It

Away"が流れていた。

１９９２年秋、二度目の上棟式が無事おこなわれた、青森ひばの土台で。

その後、私はR&Rｂａｎｄから建築の世界へと自然に神崎隆洋の背中を追いかけていた。

神崎隆洋はヒノキの家を都会に建てることで、森を建てていた。世界情勢は目まぐるしく変わるが、自然乾燥のヒノキの家づくりは住む人の健康と安全だけでなく、温暖化の地球環境に配慮した提案であり、隆洋の理念は時代を超えてもなお生きている。

いまカンザキ建設史上最も忙しい時を迎え、隆洋の建築哲学が今まさに花開かんばかりです。理解あるお客さま、棟梁をはじめ職人の皆さん、最後までこの本の制作に携わった栗原裕子さん、設計の塩澤昌之さん、倉茂泉子そしてスタッフの皆さん、また当社のことを理解していただいたさくら舎の古屋信吾さんと猪俣久子さん、そして母に、心から感謝を申し上げます。

記

ものづくりをする国は滅びない

神崎節子《かんざきせつこ》（神崎建設専務取締役・神崎隆洋夫人）

建築科を出ていない前社長・神崎隆洋の師は、大工の棟梁、左官の親方、基礎工事、その他多くの職人の方々でした。林業の方、材木屋さんもそうでした。話すときは必ずメモを取り、よく理解できないときには何度も聞き直していました。

ヒノキ、青森ひばなど、日本古来の建材のもつ力と伝統構法を活《い》かすという家づくりの信念は、これらの会話から生まれ、築き上げてきたものです。

平成元年（1989年）1月から急逝するまでの33年間、「婦人之友」（婦人之友社）に「住まいを考える」と題する連載をしてきました。

前社長がつねに学び、考えつづけてきたものを形にしたのが「桜匠館《おうしょうかん》」です。

土台には青森ひば、すべての柱、梁《はり》ほか下地にも無垢《むく》のヒノキ、壁には世界一の壁材といえる漆喰《しっくい》です。

たくさんの木を組み、そこに携《たずさ》わる職人の方々の優《すぐ》れた技術、心をも組むというのが家づくりの信念です。

「家は目に見えない部分こそ大事だ」と言い、「生きている資料館にしたい」と言いました。伝統を守りながら現代に活かす、また伝統を未来につないでいく資料館です。

前社長は職人の方々を大切に思い、尊敬していました。職人の方々も前社長の建築に対する一途な気持ちを理解してくださいました。

師走になると「感謝の集い」と称し、本社の吹き抜けの大部屋で樽酒を酌み交わし、一年の労に感謝していました。そんなときは皆、本当に嬉しそうでした。

「ものづくりをする国は滅びない」と言われます。

前社長の強い思いや感謝が伝わる資料館になってほしいと思います。そのために、たとえば、現場で活躍している大工の棟梁や左官の親方、職人の方々に経験だけでなく、素材や技術など専門的なこともわかりやすく伝えていただく。また、伝統工芸の方々を招き、実演をお願いするなど。

これまでカンザキ建設で家を建ててくださった多くのお客さま、そこに携わった職人の方々、またこれから新たに出会うであろう方々と共にホッとしたり、学び合ったりしていける場になりますよう、皆さまのお知恵もお借りしたい。

実際に触れて、感じて、よさを体感していただきたい、こんなふうに桜匠館を活かしていきたいと思います。

日本が誇れる文化のひとつ伝統構法――「桜匠館」へ未来ある学生たちが見学に来てくれる日を夢見ています。

人生について　（神崎隆洋先生に捧ぐ）

道山《みちやま》れいん
（東京大学文学部国文学科卒業後、詩人として3冊の詩集を刊行しつつ、クリエイティブ・ディレクターとして言葉と映像と音楽の仕事にも携わる。国内外の受賞歴多数）

この家を建てたことで
私の人生は決まりました
あたりまえに生きよう
好きなように生きよう
やりたかったけど
やってなかったことをちゃんとやろう
たいせつなものを
たいせつにしよう
あしたも世界はつづくのだと
信じてみよう

そう思えるように
そう思うために
私はこの家を建てたのだと
今になってわかります

しあわせなことは
いつもあとからわかると
ひとはいう
でももし　できるなら
今ここでわかることが
かなうならば
一度きりの人生だから
ほんものの自分を生きていきたい
ほんものの家に住んで

無垢の木の声を聞き
漆喰の静謐に包まれ
私は歴史上の
誰でもない
「わたし」そのものになる

家を選ぶことは
人生を選ぶこと
あなたの笑顔
地球のひといき
ふと　たちどまって
見上げた空の先の
永遠をしんじること
しんじることができること

ほんものの家
ほんものの人生

神﨑建設

＊サブタイトルの「家を選ぶことは人生を選ぶこと」は
この詩からいただきました――神﨑隆馬

人間・神崎隆洋の器量（抄）

矢間秀次郎《やざましゅうじろう》
（千曲川・信濃川復権の会事務局長、環境雑誌「奔流」編集人、映画プロデューサー）

1

1995年、森林《やま》の会（代表、宮下正次）が赤城《あかぎ》山麓《さんろく》で主催した「住まいと森林を考える集い」に参加し、パネラーの建築家・神崎隆洋に出会ったのが分水嶺《ぶんすいれい》をこえ、総合的に地球環境を考える契機になった。

神崎は自らの実践をふまえ、「森林を守るには、国産の無垢材で家づくりに励み、山に富を返すのが一番」と事例をあげ、「木は育っていく速度に比例して、空気中の炭酸ガスを木の中に固定する。木は炭酸ガスの塊だ」と力説。

さらに、スライドで森林や建築現場を映し出し、「木の働きは地球上の炭酸ガスを減らし、地球の温暖化防止にもなる。大木は成長の速度が遅くなり、炭酸ガスの固定量が減る。だからこそ、成長した適齢期の木を伐り、植林するというサイクルが地球の炭酸ガスを減らすことにもつながる」。

これらの解説は、2002年に神崎が上梓した著書『いい家は無垢《むく》の木と漆喰《しっくい》で建てる』（ダイヤモンド社刊）にも書かれた内容である。私は拍手しながらも「眉《まゆ》に唾《つば》」をつけていたのかもしれない。失礼をかえりみず、「内山先生の『森林フォーラム』に所属して森林を学び、東京から参加している者ですが、『山に富を返す』ってどういうことなのか、ぜひ、御社の建築現場を見学させていただけませんか」。

その場で、「都内に建築中の現場が5カ所、喜んで案内しますよ」と微笑み、名刺を交換してくださった。森林は人を結びつける精気に充ちた空間らしい。

2

翌週、己の五感で検証するという環境運動で培《つちか》った流儀で、いくつかの建築現場へ案内をいただいた。自動車を降りると、周りにいい匂いが漂ってくる。

「木の香りが……」

「ここは洋風の建築ですが、柱や土台などの構造材に青森ひばやヒノキを使っているから」と、現場で青森ひばの木片を拾い上げて、

「ヒノキチオールと呼ばれる精油分が多く、香りだけでなく青森ひばの土台はシロア

リに強い、木の質も密でがっしり。柱はすべてヒノキ4寸角、手でふれてみてくださいよ。ほら、温かいでしょう」

ズボンの布地で手の汗をぬぐい、「艶もありますし、生きている」と言いかけると、「本物のよさがわかっておられる」と頬をゆるめた。ふたりが意気投合した瞬間である。

青空に抜けるような爽やかな風が吹くのを感じた。しかし、テレもあって、「神崎さんは哲学をもった本物の建築家」という心象を吐けなかった。

帰路、モデルハウスに寄って、「1989年1月号以来、毎号1ページ分の実践報告を載せてもらっていますよ」と、月刊「婦人之友」バックナンバーを数冊もらった。「月刊誌に書いたルポをもとに『森と海とマチを結ぶ～林系と水系の循環論』を出しましたから、次回、返礼で差し上げますよ、拙《つたな》いものですけれど」

宮下正次《みやしたしょうじ》が神崎との赤い糸を結んでくれた。深い感謝の念が湧く。

3

エネルギー革命後の石油文明は、数千年の歴史を持つわが国の、衣食住の文化をゆがめ、生存基盤の根底が揺らぐ。特に住宅建築が顕著で、石油化学物質が柱・床・壁・

天井・建具にも使われ、石油化学製品集合体と言っても過言ではない。

神崎との交流が深まるとともに触発されて、石油化学製品の跳梁に対しての公憤が高まっていく。住宅産業が国民の健康保持を危うくし、森林の荒廃をも招いている実態を直視し、「いい家とは何か」を探究心旺盛に実践する神崎の生き方に感銘した。

現場では建築の素人でも五感でわかるように、まがい物と本物を陳列開示して熱心に解説する。しかし、本人の言葉で「わが社で建築を」という商売気の勧誘を一度もきいたことがない。木の香りに充ちた建築現場を共にすれば、営業不要という信念があったようである。この神崎のこだわりが本物志向を誘うのか、「こんな家に住みたい」との夢がふくらむ。

1997年夏、都職員の私は、あと数年で定年を迎える。少し退職金も入る。同じ市内の実家を建て替える決断をし、神崎に見積もりを依頼した。

1998年11月に「無垢の木と漆喰」のわが家が竣工し、新婚から18年暮らしたマンションを売り払い、翌1999年元旦を新居で迎えた。

実際に暮らしを重ねた実験精神で、「いい家とは何か」を検証、記録する日々。四季を経た翌2000年1月、一般社団法人総研が公募した「住まい・まち学習」論文募集に草稿「国産の無垢材と漆喰を活かした家づくり〜どう国民の健康を保持し、健全な国土を再生するか」を神崎の監修のうえ応募した。

同年3月、35年間勤めた東京都を定年1年繰り上げて退職。東京都税務協会教授の部長待遇であったから、都が再就職を斡旋してくれたが辞退した。

経緯を率直に神崎に話し、相談すると数日後、「4月1日付でわが社に迎えます」とのご託宣《たくせん》があった。

人間・神崎隆洋に接して27年の歳月。社員時代の12年間はもとより、いちども桎梏《しっこく》を感じたことはない。自由にふるまえる客分の扱いをうけた。この男の器量は、どう育まれたのか。

もう神崎が他界されて半年が経つ。不遜をかえりみず推察するほかない。一つは「木のこころ」、二つ目にJ・S・バッハの名曲、そして三つ目が伴侶・神崎節子の存在であったろうか。

漆喰壁、天井にコルク材、ナラ材のフローリングに包まれた居住空間の机で、神崎との伴奏は生涯つづくとの感懐がこみあげてきた。

著者略歴

神崎隆洋（かんざき・たかひろ）

一級建築士。神崎建設創業者。

１９４３年、東京都に生まれる。早稲田大学商学部を卒業後、コンピューターソフト会社に勤務するが、長男の出産に立ち会い、命がけで生むことの偉大さに感動し、自分も事業を立ち上げることを決意し、何のあてもない状態で翌日辞表を提出。無から有に造り上げる住宅建築の仕事に出合い、その奥深さに惹かれて、１９７４年に神崎建設を創設。その後、独学で一級建築士の資格を取得。無垢の木と漆喰に徹底的にこだわった家づくりは「カンザキの家」というブランドを確立する。２０２１年９月に逝去。

著書には『いい家は無垢の木と漆喰で建てる』（ダイヤモンド社・文春文庫）、『続 いい家は無垢の木と漆喰で建てる』（ダイヤモンド社）がある。

神崎隆馬（かんざき・りゅうま）

一級建築士。一級建築施工管理技士。

神崎建設代表取締役。

１９７１年、東京都に生まれる。明星大学人文学部英語英文学科の学生時代、ミック・ジャガーやアクセル・ローズに憧れR&Rバンドを結成。１９９２年、渋谷公会堂のロックイベント等でＬＩＶＥをおこなうが翌年解散。その後、建築設備商社に勤務後、神崎建設に入社し、２０２１年に代表取締役に就任する。

■**神崎建設㈱**
東京都杉並区今川３—20—５
ＴＥＬ：０３—３３９７—１１５０
https://kanzaki-architects.com

自然乾燥《しぜんかんそう》の無垢《むく》の木《き》と漆喰《しっくい》で家《いえ》をつくる
――家《いえ》を選《えら》ぶことは人生《じんせい》を選《えら》ぶこと

二〇二三年二月一三日　第一刷発行

著者　神﨑隆洋《かんざきたかひろ》・神﨑隆馬《かんざきりゅうま》

発行者　古屋信吾
発行所　株式会社さくら舎　http://www.sakurasha.com
東京都千代田区富士見一-二-一一　〒一〇二-〇〇七一
電話　営業　〇三-五二一一-六五三三　FAX　〇三-五二一一-六四八一
編集　〇三-五二一一-六四八〇　振替　〇〇一九〇-八-四〇二〇六〇
装丁　石間　淳
本文DTP　山岸全（株式会社ウエイド）
印刷・製本　中央精版印刷株式会社

ISBN978-4-86581-376-0